当代中国城市外来务工人员道德观念的嬗变及其引导

易永卿 著

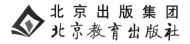

北京出版集团
北京教育出版社

图书在版编目（CIP）数据

当代中国城市外来务工人员道德观念的嬗变及其引导 /
易永卿著 . -- 北京：北京教育出版社，2023.5
ISBN 978-7-5704-5559-1

Ⅰ.①当… Ⅱ.①易… Ⅲ.①民工 – 道德观念 – 研究
– 中国 Ⅳ.① D422.6

中国国家版本馆 CIP 数据核字 (2023) 第 099380 号

当代中国城市外来务工人员道德观念的
嬗变及其引导

易永卿　著
＊
北京出版集团　　出版
北京教育出版社
（北京北三环中路 6 号）
邮政编码：100120
网址：www.bph.com.cn
京版北教文化传媒股份有限公司总发行
全国各地书店经销
三河市国英印务有限公司印刷
＊
710mm×1 000mm　16 开本　12 印张　180 千字
2023 年 5 月第 1 版　2023 年 5 月第 1 次印刷
ISBN 978-7-5704-5559-1
定价：88.00 元
版权所有　翻印必究
质量监督电话：　(010)58572498　58572393
购书电话：18133833353

前　言

　　城市化是现代化的必有内涵和必然路径。现代化是世界潮流，是大势所趋，各个国家或地区都在努力实现现代化，或者宣称要实现现代化。而衡量一个国家现代化水平的高低，其中一个重要的标准就是城市化程度。

　　截至 2022 年底，中国城镇人口占总人口的比重达到了 65.22%，表明中国已经步入城市化的快车道，意味着中国这样一个具有几千年农业文明历史的农业大国，正进入以城镇社会为主的新的成长阶段。

　　城市化不等于城市数量、城市规模和城市人口的无限扩张，它意味着人口的迁移，而且已经引发城乡社会格局的变革与各种利益关系的调整，导致不同价值观念的碰撞和思想道德观念的更新，因而，中国的城市化已经成为社会道德观念嬗变的宏大背景，而道德观念的嬗变又是城市化进程中具有举足轻重作用的重要变量。

　　城市化的本质不是 GDP 的增长，也不是城镇街道的拓宽、房屋的增加、人口的增多，而是实现人类由传统落后的乡村文明向现代工业文明转变，实现人精神面貌的提升，即人们的社会意识、价值观念、文化素质、人际关系等向现代化转型。城市化消解了传统的乡村伦理，呼唤现代城市伦理的支持与引领。城市化其实也是一个由传统乡村伦理向现代城市伦理转型的过程。这一转型最集中地体现为城市新市民即城市外来务工人员（农民工）道德观念的嬗变。

　　在中国，亿万农民走进城镇，给城镇带来了大量的劳动力，他们彻底改变了中国的面貌，用勤劳的双手和艰辛的汗水缔造了"世界工厂"，促成了世界产业链的转移。他们改变了城镇的面貌，改善了城镇居民的生活质量，同时也导致了传统城乡社会格局和城市内部格局的巨大变革。社会格局的变革必然导致道德观念的变革，两者如影随形。然而，奔跑的人群往往来不及看清前进的方向，也无法回望自己走过的道路，人们相互裹挟，被动前行，甚至难免互相踩踏，造成伤害。当代中国的城市化就是如此，它的脚步如此之快，以至于城镇的新老住民和管理者来不及平静一下心绪，整理一下思路，辨别一下前进的方向，一口气奔跑过来，如今，当我们驻足喘息，转身回望的时候，竟然发现自己走过了不少的弯路，发生了不少的踩踏事故。资源过度消耗、环境过度污染、财富过度集中、道德沦丧等等，各种问题令人触目惊心。

从道德层面论，中国在快速城市化的进程中，仍然需要解决好以下伦理问题。

一是城市的发展与人的发展的关系问题。本来城市的发展与人的发展的关系不应该成为问题，因为城市意味着现代文明，意味着交通便捷、物质丰富、资源集中、生活美好，所以长期以来，农村人渴望跳出农门，进入城市，成为城市人，城市化成为各地追求的目标和发展的路径。西方各主要资本主义国家在城市化进程中，或多或少出现了"羊吃人"的血腥的圈地运动和殖民侵略，中国在改革开放中启动城市化进程，一方面通过家庭联产承包责任制解放农村劳动力，另一方面通过市场化改革发展城市经济。在改革开放初期，由于经济基础十分薄弱，中国确立了以经济建设为中心的方针，这种先经济后政治的发展模式，成功启动和实现了从计划经济体制向市场经济体制的转轨，保持了经济的快速增长，人民的福祉持续增进，中国的经济实力也发生了根本改变，城市化水平大幅提高，创造了人类经济发展史上的奇迹。然而，政治体制改革和道德建设支持的滞后，使得单纯的经济建设和片面的城市化发展道路难以长期持续，城市街道不断扩张，城市建筑物如雨后春笋般生长，但是配套的城市精神、城市伦理没有同步跟进，社会保障没有及时跟进，人本身的发展没有得到及时和足够的重视，引发一系列道德危机和伦理乱象，如征地拆迁矛盾、贫富分化、城市外来务工人员的身份认同和社会保障长期没有得到解决、房价畸高导致城市生活压力巨大、道德建设滞后、腐败高发、信用丧失、能源枯竭、交通拥堵、环境污染、人情冷漠、人的精神世界孤独空虚、人与自然冲突激烈等一系列问题。至此，城市的发展与人的发展出现了失调甚至冲突，城市中越来越多的年轻人迫于就业和生活的压力而不敢结婚不敢生育，城市化建设中有关主体过度贪婪地追求物质和金钱，道德水平明显滑坡。因此，许多专家学者和有识之士呼吁"城市让生活更美好"，党的十八大以来，中央强调新型城镇化应注重人的发展，新型城镇化本质上应该是人的城镇化，而不是街道和房屋。习近平总书记于2015年10月在党的十八届五中全会上提出创新、协调、绿色、开放、共享五大发展理念，应切实落实到新型城镇化建设中，实现人与城市的协调发展。

二是城市与乡村的关系问题。城市和乡村，是一对矛盾，英文中的城市（city）和乡村（village）组合起来就是文明（civilization），城市和乡村构成整体社会的相互对立又相互依存的两个部分。城市因乡村而存在，没有乡村，何来城市？城市的扩张是伴随着乡村的式微而来的，中国的城市化就是农民的市民化。改革开放前，中国是一个农业大国，农民占人口的绝对多数，1978年中国的城镇化率仅为17.92%，至2022年达到65.22%。40多年间，有逾7亿农民进城，推动了中国的城市化；反之，乡村人口越来越少。尽管国家一度倡导"城市反哺农村，工业反哺农业"，推动西部大开发，建设社会主义新农村，精准扶贫，全面小康，乡村振兴，也取得了巨大成就，但总体上，城市和乡村似乎仍是一种此消彼长的关系。在城市化发展过程中，城市社会逐渐成为主流，而城市内部也在资本与技术的推动下，出现了阶层分化与固化的趋势，内卷现象日盛，中产阶层和弱势阶层生活压力增大。中国有不同于西方的国情，中国的社会主义制度决定了我们不可能任由资本与新技术任意剥削弱势阶层，共同富裕和中华民族伟大复兴是中国共产党领导中国人民努力奋斗的目标，因此，中国的新型城镇化下一阶段要科学把握城市与乡村的关系，把握好二者之间的度，实现城市与乡村的同步协调发展。

三是外来务工人员的身份认同与道德引导问题。城市外来务工人员群体是伴随中国城市化进程而产生的，他们是中国城市化的重要贡献者，也是城市化进程中城市新居民的主体。作为城市新居民，却长期游离于城市和乡村之间，他们亦工亦农，亦城亦乡，既不同于城市居民，也不同于农民，被冠以"农民工"之名，成为城市和乡村二元社会结构中的夹心阶层。在解决这一群体的困难时，有关部门主要是从物质生活的帮扶着手，较少考虑这一群体的道德救助与道德引导。城市外来务工人员是城市的新居民，城市理应接纳他们，给予其市民的身份，从物质和精神两个层面帮助他们真正成为城市的主人，实现人的城市化。

城市化进程中的伦理道德关系涉及城市生活的方方面面，比如城市管理者与市民的关系、城市与生态自然的关系、新城区与历史街区的关系等等，又比如城市扩张怎样处理拆迁问题？城市中该不该养宠物、如何养宠物？城市交通问题中，应如何处理人车资源配置？城管队员如何对待小摊小贩？城市应该保有多少公共生活空间？城市道德生活应该包括哪些观念？如公共道德生活观念、家庭生活观念、赡养老人的观念、婚恋观念、职业道德等等。本文主要探讨城市外来务工人员从乡村来到城市以后，其道德观念的嬗变。传统乡村社会是熟人社会，人际关系建立在血缘和地缘的基础上；现代城市社会是陌生人社会，因职业和公共生活而构成全新的人际关系。城市社会需要符合城市生活的道德法则，城市外来务工人员从乡村来到城市，必然产生道德困惑和不适，如何引导他们适应城市道德生活理应成为城市化建设中的重大课题。

对于城市外来务工人员道德观念的嬗变，有的我们已经认识到了，并且有了科学的对策，有的我们可能还没有形成清晰和全面的认识，或者虽然有了清晰全面的认识，但还没有找到科学的对策。为了生活更美好，真正实现人的城市化，有必要成立各个城市的伦理委员会，以社会主义核心价值观为引领，研究和分析城市生活中的各种伦理问题，研究新时代中国特色社会主义城市伦理思想，确立既具有普遍意义又具有中国特色的城市道德体系，促进城市化进程中道德观念的良性转型，促进城乡社会的健康发展，建设和谐社会与和谐城市，为新型城镇化建设提供理论支持。

目 录

绪 论

　　城市化是世界潮流，不可阻挡，因为城市化是现代化的必有内涵和必然路径。世界上任何国家和地区，无论其政治体制如何，无论其经济状况如何，都不排斥现代化，并且都在努力实现现代化，至少口头上宣称要努力实现现代化。因而，各个国家和地区，也都不排斥城市化，都在努力实现城市化。一般而言，现代化包含工业化、民主化、科学化、城市化等，学术界虽然对现代化的理解有一些争议，但无论何种理解，都绕不开城市化，都承认一个国家的城市化程度是衡量这个国家现代化水平的重要标准。没有城市化，就不可能有现代化。而城市化不仅仅是房屋和街道的变化，更重要的是人的现代化。城市化必然需要道德观念的支撑，也必然导致道德观念的变化；反过来说，道德观念的变化也必然影响城市化的发展速度和发展质量。在城市化的滚滚洪流中，道德观念始终是人们关注的焦点。城市化是现代化建设中的重要变量，而道德观念则是城市化进程中具有举足轻重作用的重要变量。

一、选题的理论与现实意义

　　自改革开放以来，中国社会发生了翻天覆地的变化，其中最显著的表现就是城市化进程的加快。尤其是20世纪90年代后期以来，中国逐渐步入城市化的快车道，进入城市化快速增长期。至2011年底，中国城镇人口占总人口的比重达到了51.27%，首次超过了农村人口总量；2021年底，中国城镇人口占总人口比重达64.72%。这意味着中国这样一个具有几千年农耕文明历史的农业大国和农民大国，正进入一个以城镇社会为主的新的发展阶段，市民社会必将逐渐取代乡村社会，城市文明必将逐渐取代乡村文明，城市道德体系必将逐渐取代乡村道德体系。

从经济数据来看，在城市化高速增长的时期，中国的 GDP 连续多年保持两位数增长，虽然近年来随着国家经济发展结构的调整和发展模式的转型，经济增长速度放缓，但 GDP 总量仍然维持 6%～7% 的增长速度，且 GDP 总量已经超过日本，高居世界第二，这表明城市化与中国经济增长呈正相关，城市化已经成为中国经济持续快速增长的重要引擎，是当今中国现代化谱系中的重要内容。

从全球城市化规律和中国的经济发展趋势来看，中国的城市化进程并没有完成，并且还没有进入尾声。虽然从统计数据上看，中国的城市化率 2021 年达到 64.72% 这样的高度，但根据西方发达国家的发展经验，这样的城市化率并没有达到完全城市化的程度，直至城市化率达到 70%，城市化才会接近尾声。况且，中国的城市程率统计数据中包含了约 2.8 亿城市外来务工人员，而这一规模庞大的外来务工人员群体当前还很难在城镇生根，城市外来务工人员中真正融入城镇社会的只是极少部分，他们中的绝大多数仍然处于城市和乡村之间，充其量算是"半城市化"。特别值得关注的是所谓"新生代农民工"群体正在逐渐壮大，他们从小就没有参加过农业生产，习惯了城市生活，不可能像他们的父辈一样重新回到农村务农，而他们的身份却仍然是农民。据有关专家分析，如果剔除这一部分数据，中国当前的完全城市化率约为 35%。因此，中国的城市化仍将持续高速发展，任重而道远。因此，2012 年党的十八大提出了建设新的"四化"口号，即要坚持走中国特色的新型工业化、信息化、城镇化、农业现代化道路。这一重要决策的核心内容，就是要加快新型城镇化建设。新型城镇化的内涵十分丰富，具体表述为要加快完善城乡发展一体化体制机制，着力在城乡规划、基础设施、公共服务等方面推进一体化，促进城乡要素平等交换和公共资源均衡配置，形成以工促农、以城带乡、工农互惠、城乡一体的新型工农、城乡关系。然而对于其具体指标、具体发展模式等，目前各界并没有完全达成一致，甚至还有许多内容需要理论界进一步展开探讨。2014 年 3 月，《国家新型城镇化规划（2014—2020 年）》正式印发，明确提出了当时我国城市化发展目标：

一是城镇化水平和质量稳步提升。城镇化健康有序发展。常住人口城镇化率达到 60% 左右，户籍人口城镇化率达到 45% 左右，努力实现 1 亿左右农业转移人口和其他常住人口在城镇落户。二是城镇化格局更加优化。三是城市发展模式科学合理。四是城市生活和谐宜人。五是城镇化体制机制不断完善。户籍管理、土地管理、社会保障、财税金融、行政管理、生态环境等制度改革取得重大进展，阻碍城镇化健康发展的体制机制障碍基本消除。《国家新型城镇化规划（2014—2020 年）》的印发，一方面明确了下一步城镇化发展的具体目标和努力方向，另一方面消除了理论层面的诸多争议。这里虽然把过去的城市化改称城镇化，但实际上两者内涵基本一致，城镇化也可以叫作城市化。不同的是，过去的城市化有过优先发展中小城市和城镇的尝试，但是事实证明，这一发展思路不利于资源的集聚和经济的集约发展，后来的发展思路是优先发展大城市，这一思路最大限度地解决了资源集聚和经济集约发展问题，但新的问题是大城市的无限扩张又带来了城市拥堵、环境污染等一系列"城市病"。新型城镇化的表述表明政府决策层意图在下一阶段的城市化建设中重点突出中小城市和城镇、城市群的建设。总之，西方国家的城市化经验与中国的城市化现状证明，中国的城市化并没有到终结的时候，政府的态度也十分明确，中国即将进入新一轮的城市化高潮时期。

诚然，城市化不等于城市数量、城市规模和城市人口的无限扩张，它不仅意味着人口的迁移，而且实际引发了城乡社会格局的变革与各种利益关系的调整，进而导致不同价值观念的碰撞和思想道德观念的更新，因而，中国的城市化已经成为社会道德观念嬗变的宏大背景。反过来说，道德观念的嬗变也是城市化进程中的重要内容和重要变量，没有现代化的城市道德支撑的城市必然问题丛生，这不是我们所追求的健康的城市，不是完美的城市，这样的城市化也不是真正意义上的城市化。从这一意义上说，城市化的本质不单纯是城市建筑物的增加、城市街道的延伸以及农村人口向城市的转移，更主要的是实现人类由传统落后的乡村文明向现代工业文明的转变，实现人的精神面貌的提升，即人们的社会意识、价值观念、文化素质、人际关系等向现代化转型。城市化必将消解传统的乡村伦理，呼唤现代城市伦理的支持与引领；现代城市伦理广泛传播并内化到城市人的精神世界，也必将引领和推动城市化的健康发展。城市化与城市伦理的关系是马克思的物质与意识的关系，两者相互依存，相互促进。城市化其实也是一个由传统乡村伦理向现代城市伦理转型的过程。

当代中国的城市化并不是悄然而至，而是在每个中国人心中留下了十分深刻的记忆。它发端于20世纪70年代末的农村改革。农村的家庭联产承包责任制改革，解放了农村生产力，从而大大提高了农业生产率，似乎是一夜之间，一双无形的手解开了束缚在8亿农民身上的无形绳索，数以亿计的农村剩余劳动力蜂拥到城市，市场经济的无形大手操控着亿万农民像候鸟一样奔走在农村和城市之间，时人形象地把这一人口流动的壮观景象比喻为"孔雀东南飞"。亿万农民走进城市，给城市带来了大量的劳动力，为中国这座"世界工厂"带来了充足而廉价的城市工人。他们包揽了城市中最苦最累最脏的劳动，用辛勤的劳动维持着城市的正常运转，他们改变了城市的面貌，改善和提高了城市市民的生活质量，也改变了农村的面貌，改善和提高了农民的生活质量，还导致了城乡社会格局和城市内部格局的巨大变革。

如前所述，社会格局的变革必然导致道德观念的变革，两者如影随形。然而，奔跑的人群往往来不及看清前进的方向，也无法回望自己走过的道路，人们相互裹挟，被动前行，甚至难免互相踩踏，造成伤害。当代中国的城市化就是如此，它的脚步如此之快，以至于城市的新老市民和管理者来不及平静一下心绪，整理一下思路，辨别一下前进的方向，就一口气奔跑过来。如今，当我们驻足喘息，转身回望的时候，竟然发现自己走过了不少的弯路，发生了不少的踩踏事故。资源过度消耗、环境过度污染、财富过度集中等，各种问题令人触目惊心。单从道德层面来看，中国在快速城市化进程中，道德建设至少存在以下问题：

一是中国选择先经济后政治的改革发展模式，强调发展是硬道理，优先发展经济，成功启动和实施了从计划体制向市场体制的转轨，保持了经济的快速增长，人民的福祉持续增进，我国的经济实力也发生了根本改变，城市化水平大幅提高，进入了快速发展期，创造了人类经济发展史上的奇迹。然而，没有政治体制改革和道德建设的支持，单纯的经济建设和片面的城市化发展道路难以长期持续，必然引发一系列道德危机和伦理乱象，诸如征地拆迁问题、农民工问题、城市住房问题，以及分配不公、道德沦丧、腐败公行、信用丧失、能源枯竭、交通拥堵、环境污染、人情冷漠、人的精神世界孤独和异化、人与自然冲突激烈等一系列问题，这些问题产生的原因是多方面的，包括物质层面、制度和管理层面、思想意识层面，解决的途径也是多元的，但其中所凸显的价值误区和价值纠正的意义也是显而易见的。构建一整套既符合中国城市化实际，又契合现代化本质要求的道德价值体系，妥善解决发展与公平的问题、城市扩张与人的关怀问题、公权力扩张与个体利益保障的问题、经济发展与道德信用体系转型的问题等一系列问题，是实现中国城市伦理的现代性转型、确保城市化健康发展的关键。

二是由于体制的隔阂，以外来务工人员（农民工）群体为主的城市新居民得不到身份认同，因而在道德观念认同上也出现了分歧。城市外来务工人员（农民工）群体长期游离于城市和农村之间，他们亦工亦农，亦城亦乡，既不同于城市居民，也不同于农民，被冠以农民工之名，成为城市和乡村二元社会结构中的夹心阶层。城市外来务工人员（农民工）群体在身份上不能被认同为城市居民，因此，他们很难完全接受城市的道德观念，甚至心存抵触。同时，城乡二元结构造成的不平等的待遇也冲击着城市外来务工人员（农民工）群体的道德观念，长此以往，必然使他们产生不公正的感受，进而对社会不满。

三是转型时期的道德观念冲突。在城市化进程中，数亿外来务工人员遭遇了道德困惑，他们骨子里接受了传统乡村伦理观念，习惯了建立在地缘与血缘关系基础上的温情脉脉的乡村文明，却又不得不在一个陌生人社会里工作和生活，经受着现代城市文明和城市道德观念的洗礼，虽然自觉或者不自觉地部分认同了城市的道德观念，但他们对城市道德观念的认同大多是出于生存的必需。

四是城市化进程中，城市管理者如何处理人与自然、人与人、人与社会的方方面面的伦理关系？比如：城市扩张怎样处理拆迁问题？城市中该不该养宠物、如何养宠物？城市应如何对待外来务工人员？城市交通问题中，应如何处理人车资源配置？交通法规中，人车权利如何分配？城管队员如何对待小摊贩？城市居民小区的安全保障靠"画地为牢""铁网高墙"，还是邻里亲善、互通有无？……城市伦理不只是一些抽象的概念，还蕴含于城市化进程中的方方面面。

随着城市化进程的加速，城市道德观念也在不断变化，尤其是以进城务工人员（农民工）群体为代表的城市新居民的道德观念在不断发生变化，如社会公德观、家庭道德观、职业道德观、婚恋观、赡养观等。这些道德观念的嬗变，既有好的、积极的一面，也有不好的、消极的一面。对于城市化进程中外来务工人员道德观念的嬗变，有的我们已经认识到了，并且有了科学的对策，有的我们可能还没有形成清晰和全面的认识，或者虽然有了清晰、全面的认识，但还没有找到科学的对策。例如：改革开放以来，城市化进程加快，同时，道德滑坡现象严重，因此，很多人很自然地认为，城市化和市场化必然导致道德观念的滑坡，并且城市化与市场化程度同道德观念的高度呈负相关。实际上，这是一种完全错误的认识。研究城市化进程中的道德观念嬗变，旨在以马克思列宁主义、毛泽东思想、"三个代表"重要思想、科学发展观和习近平的诸多重要思想为指导，以中国特色社会主义核心价值观为目标，确立既具有普遍意义又具有中国特色的城市道德体系，促进城市化进程中道德观念的良性转型，促进城乡社会的健康发展，促进城市化的健康发展，建设和谐社会与和谐城市，为中国共产党第十八次全国代表大会确定的新一轮城镇化建设提供理论支持，因而具有十分重要的理论和现实意义。

二、国内外研究现状与文献综述

（一）国外研究动态

在 Google 上搜索 urban ethics 和 city ethics 词条，分别有 4 890 万条和 26 800 万条记录，反映出城市道德问题在城市化最成熟的西方发达国家是人们十分关切的热点和焦点问题。西方城市化较早，在城市化进程中也存在道德转型的困惑，但西方不存在中国这样处于社会夹心阶层的城市外来务工人员（农民工）群体，更没有中国这样数亿规模的农民工向城市流动的社会现象。国外尚未见专门研究当代中国城市化进程中的道德观念问题的著作，而相关城市文化与问题的著作颇多，大多属于城市社会学的范畴，且并非针对中国的城市化而开展的研究与写作，如马克斯·韦伯的《非正当性的支配——城市的类型学》、简·雅各布斯的《美国大城市的死与生》、刘易斯·芒福德的《城市文化》、乔尔·科特金的《全球城市史》等，这些可供本课题研究参考。另外，我国也有一些学者对国外的城市化模式进行研究，如：金元欢、王剑通过对韩国城市化的研究，认为韩国的城市化是以优先发展大城市为特点的非均衡发展模式[①]；高强对日本、美国的城市化进行了比较研究[②]；付恒杰[③]、许可[④] 等也从不同角度对日本和美国的城市化模式进行了研究；李冈原对英国城市化进程中的"城市病"及其整治进行了研究[⑤]；李瑞林、李正升对巴西的城市化模式及其过城市化进行了研究[⑥]；等等。此外，近年如马俊平《国内外都市圈发展研究对西安都市圈建设的启示》，周静敏、王舒媛、何广《国外社会住宅的发展特征及其思潮》，梅莹《中外"逆城市化"研究的热点与趋势对比——基于 CiteSpace 的文本可视化分析》，王白雪、郭巍《城镇化道路中城市低碳发展路径探索——国外低碳城市发展经验与启示》等不少论文，对国外城市化进程中的问题继续进行了研究探讨。但这些研究实际并非本选题研究的同一类问题，仅供参考，兹不一一列举。

（二）国内研究动态

国内关于当今中国城市化进程中的道德问题的研究已经不是学术领域的一块飞地。罗国杰教授主编的《中国伦理学百科全书——应用伦理学卷》率先列出了"城市伦理学"条目，提出了城市伦理的问题。具体而言，硕士论文《新生代农民工思想道德建设研究》《新生代农民工思想现状考察及道德教育探索》《新生代农民工道德环境研究》《新生代农民工道德关怀研究》《新生代农民工的道德教育研究》等成果，从不同角度

① 金元欢，王剑.韩国城市化发展模式研究[J].城市问题，1996（6）：35，48-51.
② 高强.日本美国城市化模式比较[J].经济纵横，2002（3）：41-46.
③ 付恒杰.日本城市化模式及其对中国的启示[J].日本问题研究，2003（4）：18-21.
④ 许可.美国大都市区化及中国城市化模式选择[J].齐鲁学刊，2005（4）：115-118.
⑤ 李冈原.英国城市病及其整治探析：兼谈英国城市化模式[J].杭州师范学院学报（社会科学版），2003（6）：105-108.
⑥ 李瑞林，李正升.巴西城市化模式的分析及启示[J].城市问题，2006（4）：93-98.

对城市化进程中的新市民——外来务工人员（农民工）群体的道德困境展开了系统研究，相关的研究论文见诸报刊的有数十篇。江敏的硕士论文《农民工的思想道德建设研究》通过调查研究与文献研究，论述了农民工的由来，研究和分析了农民工的主流道德倾向以及农民工道德建设的主要成就，也指出了农民工道德建设中存在的诸多问题，分析了这些问题的形成原因，并提出了农民工道德建设的主要内容与主要措施。时艳敏的硕士论文《新生代农民工道德关怀研究》针对 20 世纪 90 年代至 21 世纪初出现在城市的新生代农民工群体的现实生活状况，分析了这一人群道德生活需求，即对其进行道德关怀的基本理念——尊严理念、价值理念、公平理念，并提出了具体措施，即如何从国家层面、社会层面、企业层面、自我层面对这一人群的道德生活给予必要的关怀。王常娟的硕士论文《新生代农民工市民化进程中的道德同一性研究》借用了西方学者布拉西（Blasi）提出的道德同一性（moral identity）理论，通过文献资料研究和大量的访谈调研，对不同地域新生代农民工的道德状态进行对比分析，认为环境及政府对新生代农民工道德教育及引导具有重要影响，进而针对传统道德研究现存的局限和困境，以及新生代农民工这一特定群体，提出"加强和创新社会管理，拓展道德同一性建构的德育路径""强化企业思想政治教育，构筑社区教育的道德教育平台"等措施。马亚庆的硕士论文《新生代农民工的道德教育研究》深入研究了新生代农民工的道德滑坡的状况及其发生肌理，进而提出了针对性的道德教育目标和道德教育策略。其他的研究如黄火明的《"陌生人"与城市社会——城市化背景下对现代城市道德状况的一个另类分析》、刘应君的《"两型"社会视野下农民工的道德融入与社区支持》、张承安的《城市农民工道德问题及其化解》等数十篇论文，都从某个角度对城市化进程中农民工的道德问题展开了研究。

上述这些筚路蓝缕的研究成果，为本课题研究奠定了良好的理论基础。但整体而言，有关于农民工道德问题的研究，基本还在起步阶段，对于农民工的社会公德观、职业道德观、家庭观、婚恋观、赡养观等道德观念的嬗变，还有进一步系统深入研究的空间。

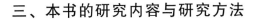

三、本书的研究内容与研究方法

（一）研究内容

（1）城市化带来的城乡社会格局的变革与利益关系的调整。系统研究当代中国城市化的历史背景，以及城市化造成的城市社会的变革、乡村社会的变革、城乡关系的变革，以及城市与乡村、城市内部、乡村内部利益关系的调整。

（2）城市化进程中道德观念的嬗变。当前中国城市化速度过快与道德体系过于滞后形成了巨大的反差，从农村来到城市的农民工习惯了传统乡村社会温情脉脉的血缘与地缘伦理关系，面对突如其来的城市陌生人世界，感到不知所措。旧的道德价值体系土崩瓦解，新的道德价值体系尚未完善，不足以支持快速发展的城市化进程，直接引发了城市化进程中的诸多道德危机和伦理乱象。本课题运用社会学、伦理学的理论，调查农民工的生活、工作状态，了解农民工的道德观念，分析农民工道德观念的嬗变，如社会公德观、职业道德观、家庭观、婚恋观、赡养观、金钱观等。

（3）城市化进程中道德建设的目标。剖析当代中国城市化进程中农民工群体的道德困惑与道德矛盾，深入思考当代中国城市化背景下农民工道德规范体系、价值取向等重大理论问题，在社会主义核心价值观的引领下，确立城市道德建设的目标。

（4）城市化进程中道德建设和引领的机制。探讨城乡二元体制下、城市化背景下农民工的夹心阶层状态的解决机制，研究分析城市新市民群体的现实困难和道德困境，提出城市道德建设和引领的长效机制，大力弘扬城市化进程中道德观念中好的部分，通过制度建设、教育引导等方法纠正城市新市民错误和不良的道德观念，为城市化建设提供道德支持。

（二）研究对象

当代中国城市化的范围广大，涉及全国城乡社会，影响全球。这一大事件必然导致城市社会、农村社会以及城乡格局发生巨大变革，因而当代中国城市化研究是一个十分宏大的课题。由于时间和精力有限，也由于本人的理论驾驭能力有限，本书以当代中国城市进程中城市外来务工人员为研究对象，这里的"城市外来务工人员"，仅指从农村来到城市务工的农民，不包括城市内部的务工人员，也不包括大学毕业在城市工作的白领阶层，其概念范畴等同于习惯所称的"农民工"，因学术界认为"农民工"这一称谓具有身份歧视的嫌疑，本书把这一群体称为"城市外来务工人员"。"当代"这一时间概念在学术界也有分歧，本书所指的当代，指 1949 年中华人民共和国成立至今，重点指 1978 年改革开放至今这一时间段。

（三）研究方法

本书研究的基本思路是运用社会学研究方法，深入城市社会，调查了解城市新市民阶层及原市民的生活和工作状况及其道德观念，运用伦理学的研究方法分析城市化进程中道德观念嬗变的原因和表现，探讨当代城市道德建设的目标，研究当代城市道德建设和引领的长效机制，为中国共产党第十八次全国代表大会以后新一轮城市化建设高潮的到来提供理论支持。需要说明的是，本书的社会调查，包括实地走访和田野调查，也包括网络问卷和现场问卷调查，还借鉴了部分他人调查的成果，调查问卷的设计也并非直截了当的问答，而是从对一些貌似无关紧要的外围数据的调查了解分析其中的道德内涵。

本书以马克思主义理论和科学发展观为指导，以当代中国城市化实践中的道德问题为研究视角，采用理论研究与实际调研相结合、社会学与伦理学相结合的研究方法，对农民工道德观念进行系统分析和研究，详细考察当下中国城市化实践中农民工道德现状及其原因，对农民工道德观念进行科学评价，提出正确的城市道德建设目标和道德建设引领机制。

第一章 当代中国城市化概述

中国是一个传统的乡村社会，中国的文明起源于农耕，农业是立国之本，是主业，所以中国历代政权都特别强调"以农为本""耕读传家"。中国社会的价值体系、道德观念也是建立在农耕文明基础上的乡村价值体系和乡村道德观念。直至近代，城市化的大潮汹涌而来，席卷全球，中国也不能例外。

第一节 城市与城市化

一、城市

什么是城市？城市是一个相当宽泛的概念，不同的学者从不同的角度观察和研究，会形成对城市的不同认识，从而给出不同的定义。例如：从经济学角度看，城市就是一个集住房、劳动力、土地、运输等各种生产要素于一体的经济体，是整个市场经济网络系统中的一个结点；从社会学角度看，城市是一个具有某些特征的、在地理上有边界的社会组织形式；地理学上的城市是指地处交通方便环境的覆盖有一定面积的人群和房屋的密集结合体；城市规划学上的城市是指以非农业产业和非农业人口集聚为主要特征的居民点，在中国，城市包括按国家行政建制设立的市、镇。《辞源》一书中，城市被解释为人口密集、工商业发达的地方。

从中国的文字上分析，"城市"由"城"和"市"两个字组合而成。"城"，从土，从成，成亦声。"成"意为"百分之百""完全"，"土"指阜堆。"土"与"成"联合起来表示"完全用土垒筑的墙圈""百分之百的土筑墙圈"。"城"的本义指城墙，即城邑的防卫性墙圈，说明城市最早的重要功能是军事防卫，如天津起源于天津卫。当然，这种防卫包含双重含义：既用于防御外来入侵，也用于防范城市居民暴动。这种早期的城市侧重于具有防卫功能的"城"。当然，为了保障城中居民的生活，必然在城内或者城边设有物质交换的场所，叫"市"。也有一种城市是先有市而后有城，即因市筑城。《世本·作篇》记载颛顼时"祝融作市"。颜师古注曰："古未有市，若朝聚井汲水，便将货物于井边货卖，曰市井。"这便是"市井"的来历。这说明早期城市的另一个重要功能是物质的交换。

城市主要有政治、军事、经济、居住等功能。除了上述军事、经济功能之外，城市还是某一区域的中心，这一区域的行政管理者居住在该区域的中心，城市规模的大小、等级的高低取决于它所管理的区域的面积大小、人口多少以及地理位置等。这就体现出城市的政治功能。随着社会的发展，进入现代，城市的军事功能逐渐弱化，甚至退出历史舞台，从外观上表现为现在的城市几乎没有城墙了，城市的政治功能仍然存在，如首都、省会、县城等仍然是重要的政治文化中心。现代城市的经济功能日益增加，表现为城市凝聚生产要素的能力越来越强，这种凝聚能力远远超过农村，现代的城市日益成为重要的经济体。同时，现代城市的居住功能越来越重要，城市越来越强调以人为本，城市就是人的集合体，城市的生产、经营等活动都是为了让人更好地生活，2010年上海世博会的主题就是"城市，让生活更美好"。

二、城市化

城市是相对于农村而存在的，城市和农村是一对相互依存又可以相互转换的矛盾体，因为城市和农村的人口是可以流动的。历史上既有城市人口往农村流动的时候，也有农村人口往城市流动的时候，当然，还有人口从农村流向农村，或者从城市流向城市的时候。一般而言，在战争、自然灾害等特殊时期，流动人口主要从城市流向农村、从不安定的地区流向比较安定的地区；在社会稳定的时期，人口主要是从农村往城市流动、从小城市往大城市流动，这实际上就是城市化。整体而言，人口是逐渐从农村流入城市的，所以才有城市化，而没有农村化。直至城市化率超过70%，城市的人口趋于饱和，城市的生活环境、生活质量无法更进一步提升，才出现人口从城市流入农村的"逆城市化"。

在中国古代，大规模流动的人口叫流民，统治者对流民的管理能力直接关系到政权的稳定性甚至存亡。中华人民共和国成立以后至改革开放以前，国家实行严格的户籍制度，严格控制人口的流动，非正常的人口流动被称为"盲流"。20世纪六七十年代，中国曾经发生了一场轰轰烈烈的"上山下乡"运动，毛泽东做出"农村是一个广阔的天地，到那里是可以大有作为的""知识青年到农村去，接受贫下中农的再教育，很有必要"的指示，政府组织大量城市"知识青年"离开城市，到农村去定居和劳动。这是一场人口从城市向农村流动的逆城市化运动，是一场自上而下的政治运动，之所以会发生这件事，一是因为当时城市经济功能相当弱，基础设施薄弱，无法容纳太多的人口就业，二是为了消灭"三大差别"（即工农差别、城乡差别、体力与脑力劳动差别）。农村人口流向城市是受到社会经济发展制约的，是有条件的，城市化是一个渐进的过程。在中国，由于长期实行计划经济和严格的双重户籍管理政策，以农养工，农村人向往城市，但很难真正成为城市人，农村人甚至把脱离农村到城市就业叫作"跳农门"。直到改革开放特别是20世纪90年代以后，中国的城市化进程才不断加快。

"城市化"一词来源于英文urbanization，在翻译为中文时，有的译为"城市化"，有的译为"城镇化"。城市化与城镇化没有本质的区别，只是各自的侧重点有所不同。城市化侧重于城市的城市性，即urban；城镇化侧重于城市的规模，认为城镇包含了城市和镇，认为中国现阶段城市化程度不高，用城镇化更合适。笔者认为，"城市化"更能体现城市的本质，因此本书采用"城市化"的说法。

正如人们从不同的角度观察和研究城市，从而对城市形成各种不同的认识，做出不同的定义一样，人们对城市化的认识也并不是一致的。研究人口学的学者认为，城市化是人口向城市集中的过程，是城市人口占全社会人口的比重提高的过程；经济学学者认为，城市化是指人类生产活动从农业向第二、三产业转移，生产要素从农村向城市流动的过程，是引起产业结构、消费结构发生重大变化的乡村经济向城市经济转变的过程；地理学学者认为，城市化是乡村地域向城市地域转化、城市地域向外扩张、城市内部不断演替的过程；社会学和人类学家认为，城市化不是单纯的人口从农村向城市的集中，而应把城市化看作社会中城市与非城市地区之间相互联系的增多的过程，以及随之而来的农村生产力结构、生产经营方式、收入结构、生活方式、思想观念等发生变化，并逐渐与城市接近的过程。① 依此而言，城市化就是城市文明向农村地区的扩散及带来的相关变化。② 笔者认为，人口的变化只是城市化的一个标志性指标。城市化的内涵是十分丰富的，还应包含城市经济现代化、城乡一体化，以及城市文化、城市生活方式和价值观在农村地区的扩散。传统乡村社会是一个以血缘和地缘为基础建立起来的熟人社会，现代城市社会是一个以共同的利益、目的和道德价值观念为基础建立起来的陌生人社会，即市民社会。在现代城市社会，构建有别于传统乡村社会价值体系的共同的市民社会价值体系尤为重要。因此，城市化是一个由"乡村性状态"向"城市性状态"转变的过程。③

三、当代中国城市化的历史背景

城市产生于约 5 000 年前，人类的聚落由村落向小城镇和城市演变，考古学家柴尔德称这一事件为"城市革命"，并认为这一革命和历史上的"农业革命""工业革命"具有同样重要的意义。但这不能称为现代意义上的城市化。世界范围内，城市化开始于18世纪中叶的英国工业革命，到 19 世纪中叶时，英国城市人口占社会总人口的比重达到50%，基本实现了城市化。欧洲其他国家和北美的城市化开始于 19 世纪中叶，到 20 世纪中叶城市人口占社会总人口的比重达到50%，也基本实现了城市化。20 世纪中叶以来，世界各国都在建设城市化，城市化成为世界各国所追求的一个重要的现代化指标。

需要说明的是，所谓"当代"，是一个历史学的时期概念，在中国一

---

① 周大鸣.现代都市人类学 [M].广州：中山大学出版社，1997：219.

② 陆学艺.社会学 [M].北京：知识出版社，1996：220.

③ 向春玲.城市化进程中的理论与实证研究 [M].长沙：湖南人民出版社，2008：4.

般指 1949 年中华人民共和国成立至今。本书所论的"当代"也适用这种分期方法，但是，因为中国真正近代意义上的城市化是发生在 1978 年改革开放以后，因此，本书中的"当代"也主要指这一时期。

中国的城市化具有其特殊的历史背景：

1. 传统乡土意识根深蒂固

欧洲文明起源于海洋文明，航运业和商业具有悠久的传统。与欧洲不同，中国是一个大陆国家，在大陆上产生了一个传统的乡村社会，农业是国家的主业，农村社会在整个社会中占绝对优势，农村人口占总人口的绝大多数。在封建社会时期，统治者十分重视农业的发展，国家在意识形态上推行重农抑商、农本商末的政策，甚至把国民按士、农、工、商的秩序划分等级。整个国家的道德价值观也构筑在这种乡村社会基础上。农民过着自给自足的生活，耕读传家，安土重迁，除了战争、饥荒等原因以外，很少有大规模的人口流动。至 1952 年，中国的城镇人口只占总人口的 12%，中国仍是一个完全的农村社会和农业国家。至 2021 年底，中国城镇人口的比重达到了 64.72%，乡土观念已经逐渐淡化，但依然影响很深，城市里各种老乡会、熟人关系依然发挥着十分重要的作用，致使市民社会的道德价值观念难以确立。

2. 从计划经济到市场经济的转轨

中华人民共和国成立以后，一开始是因为战后经济基础十分薄弱，为了防止奸商投机倒把，确保人民群众的基本生活，保障国家重点建设，不得不实行严格的计划经济，从生产到分配，从乡村到城市，一切按照国家的计划指令进行。这对解决战后暂时的经济困难和迅速恢复生产起到了很好的作用。后来，因为意识形态的局限，中国仍然死守计划经济，严重地阻碍了经济的发展，也阻碍了城市化的进程。直至改革开放时期，农村实行家庭联产承包责任制，一举解放了大量的农村劳动力，为农村人口往城市的自由流动创造了条件，打开了大门，特别是建立中国特色社会主义市场经济体制以来，观念上突破了计划经济的樊篱，市场成为配置资源和生产要素的重要手段，大量的农村剩余劳动力流向城市，城市化进程迅速加快。当然，长期的计划经济体制的影响依然还很深，还有很强的惯性作用，市场经济体制还很不完善，特别是市场经济体制下的市民精神的确立仍需时日，因此，中国的城市化虽然在城市人口比重、城市建筑的扩张等方面成就辉煌，但是要实现真正的城市化，即从"传统乡村性"向"现代城市性"过渡，仍然需要付出巨大的努力。

3. 从城乡二元体制到城乡一体化

计划经济时代的一个重要产物就是城乡二元体制。中华人民共和国成立初期，我国还是典型的农业大国，工业化程度相当低。在当时的国际政治、经济环境下，中国不得已参照苏联模式选择了优先发展重工业、实行计划经济的战略。为了更好地实现工业化，中国选择以农养工，由农业来支持工业的发展，于是户籍管理制度也逐步建立起来。户籍管理制度一方面在农村把土地和户口结合起来，另一方面在城市把就业、社会保障等与户口结合起来，中国社会被人为地分割成"城市"和"农村"两大块。其实城市与乡村的差别在中国自古代开始就已存在，不过当时的城乡二元结构与现在的情况是完全不同的。当时的城市和乡村由于没有工业化，差距并不大。而今天的城乡二元化"主要是指工业化之后形成的两种生产方式和生活方式"[①]。以户籍管理制度为基础建立起来的城乡壁垒把公民划分为市民和农民两大群体，两者在生产方式、生活方式、社会地位等方面存在巨大差异。制度上形成的巨大差异导致双方在社会地位、资源支配等方面的不平等。城乡二元户籍制度使得城市与农村的差距逐步拉大，市民逐步成为现代生产和生活方式的代表，而广大农民则保持传统的生产生活方式。在整个社会发展过程中，城市总是走在农村前面，社会发展的重心也在城市。当前，中央政府十分重视"三农"问题，连续十四年以一号文件的形式逐步解决"三农"问题，逐步实现城乡一体化，但是，城乡二元户籍制度仍然没有取消，大量的城市新市民为城市的发展做出了巨大贡献，为城市化做出了巨大贡献，他们干着城市里最苦最累最脏的工作，维持着城市的正常运转，但却享受不到城市居民的医疗、教育、住房等各种福利政策，甚至连城市户口都没有，他们既不是城市居民，也不是农民，被冠以"农民工"的称号。这种状况严重地制约着城市化的进一步发展和城市化的质量。

---

① 同春芬.转型时期中国农民的不平等待遇透析[M].北京：社会科学文献出版社，2006：38.

第二节　当代中国城市化的发展阶段和特点

一、当代中国城市化的发展阶段

中国的城市化具有明显的阶段性，但具体阶段的划分方法也是各有不同，仁者见仁，智者见智。一般认为，以1978年为界，从1949年中华人民共和国成立到1978年，是城市化的停滞与低速增长阶段；1978年以后是城市化的迅速发展阶段。[1]

也有学者把中国城市化进程划分为四个阶段，[2] 在此基础上，如果把党的十八大和2013年中央城镇化工作会议到2022年作为一个新的发展阶段，那就是新型城镇化阶段。

（1）1949—1957年：城市化起步和正常发展阶段。1949—1952年是国民经济恢复时期，经济和城市正常发展。1953—1957年是第一个五年计划时期，国家大规模开展工业化和城市化建设，建设了156个重点项目，新建了6个大城市，大规模扩建20个城市，一般扩建74个城市。这一时期城市起步，并且正常发展，城市化率从1949年的10.64%提高到1957年的15.39%。

表1-1　1949—1957年中国城市化率统计表

年　度	1949	1950	1951	1952	1953	1954	1955	1956	1957
城市化率（%）	10.64	11.18	11.78	12.46	13.31	13.69	13.48	14.62	15.39

数据来源：中华人民共和国1949—1957年国民经济和社会发展统计公报。

（2）1958—1960年：超速城市化阶段。这一时期是中国国民经济发展异常的3年时期，由于1958年总路线提出多快好省地建设社会主义，进而开展了"大跃进"和人民公社化运动，工业化和城市化脱离了农业基础，工业产值占社会生产总值的比重从1957年的43.84%提高到1960

---

[1]　叶裕民.中国城市化之路：经济支持与制度创新[M].北京：商务印书馆，2001：17.

[2]　陈甬军，景普秋，陈爱民.中国城市化道路新论[M].北京：商务印书馆，2009：40.

年的 61.10%，城市化率也出现畸形增长。

表1-2　1958—1960年中国城市化率统计表

年度	1958	1959	1960
城市化率（%）	16.29	18.41	19.75

数据来源：中华人民共和国 1958—1960 年国民经济和社会发展统计公报。

（3）1961—1976 年：逆城市化阶段。这一时期中国的城市化发展出现了两次倒退，因而叫逆城市化阶段。第一次是 1961—1963 年，人民公社化运动，自然灾害以及中苏关系的恶化，给国民经济造成很大伤害，农业大幅减产，粮食紧缺，无法供应现有城市人口的生活，国家实行压缩城市人口充实农业的政策，1961—1963 年由城市遣返农村的职工人数达 2 000 万，全国城镇人口净减少 1 427 万，城市化率从 1960 年的 19.75% 减少到 1963 年的 16.84%。第二次城市化倒退发生在 1966—1976 年，这一时期城市工业停滞，国民经济衰退，中央号召广大知识青年上山下乡，到农村去，城市化率从 1966 年的 17.86% 下降到 1976 年的 17.44%。

表1-3　1961—1976年中国城市化率统计表

年度	1961	1962	1963	1964	1965	1966	1967	1968
城市化率（%）	19.29	17.33	16.84	18.37	17.98	17.86	17.74	17.62
年度	1969	1970	1971	1972	1973	1974	1975	1976
城市化率（%）	17.50	17.38	17.26	17.13	17.20	17.16	17.34	17.44

数据来源：中华人民共和国 1961—1976 年国民经济和社会发展统计公报。

（4）1978—2013 年：城市化快速发展阶段。1978 年开始的改革开放，给中国的城市化带来了前所未有的发展机遇。首先是家庭联产承包责任制的推行，大大提高了农业劳动生产率，解放了农村劳动力，为工业化和城市化提供了劳动力资源；其次是 20 世纪 90 年代以后，社会主义市场经济体制逐步确立，住房改革等一系列改革措施，激活了市场活力，每年数亿农村劳动力流向城市。这一时期，改革开放带来了国民经济的高速增长，GDP总量以年均9%左右的速度增长，甚至连续多年超过10%，城市化率不断提高，从1978年的17.92%增长到2013年的53.70%。

表1-4 1978—2013年中国城市化率统计表

年度	1978	1988	1998	2008	2012	2013
城市化率（%）	17.92	25.81	30.40	45.68	52.57	53.70

数据来源：中华人民共和国1978—2013年国民经济和社会发展统计公报。

（5）2014—2022年：新型城市化发展阶段。随着2012年党的十八大和2013年中央城镇化工作会议的召开，以及《国家新型城镇化规划（2014—2020年）》的发布，中国的城市化进入一个新的阶段，即新型城市化阶段。新型城市化强调城市化的核心是人的城市化，强调转变发展模式，从注重数量的增长转变为注重高质量的发展。这一阶段，城市化率从2013年的53.70%增长到2022年的65.22%。

二、当代中国城市化的特点

（一）当代中国城市化起步晚，城市化不充分

城市化在西方具有较好的基础，西方文明的发祥地古希腊农业不发达，但是航运业和商业发达，人口流动比较大，适合城市经济，古希腊时期的城邦国家奠定了当代城市化的基础。西方现代意义上的城市化起步于英国工业革命以后，而中国是起步于20世纪50年代，并且经历了长时间的停滞不前，甚至出现逆城市化，城市化真正快速发展是1978年至今，相对于西方而言，晚了2个世纪。同时，中国的城市化率虽然目前已超过了50%，达到了世界平均水平，但仍然滞后于工业化水平。2011年我国人均GDP超过5 000美元，城市化率首次超过了50%（51.27%），而美国在1920年人均GDP仅为830美元时，城市化率就超过了50%（51.2%）。按照WDI统计数据，2010年中国按照购买力平

价计算的人均 GDP 为 7 589 美元，比中国发展水平稍高的厄瓜多尔人均 GDP 为 8 028 美元，城市化率为 66.9%，与中国发展水平接近的牙买加城市化率为 53.7%，而比我国发展水平低的安哥拉、约旦的城市化水平也分别达到 58.5%、78.5%，都高于我国当年的城市化率 49.95%。并且，中国城市人口中，由于城乡二元户籍体制的局限，依然有相当一部分"新市民"没有城市户籍，不享受城市的住房、医疗、教育等各种福利，因而并没有实现充分城市化。甚至有学者提出，中国真实的城市化率应该在 35% ~ 36% 之间，15% 以上是半城市化。

（二）中国的城市化具有明显的政府主导色彩

改革开放以前，中国实行计划经济体制，城市化是在国家计划指令下进行的，带有明显的政府主导色彩，城市化的水平高低随国家政策的变化而波动，1949—1957 年国家恢复各行各业生产并平稳推进经济增长，城市化也平稳发展；1958—1960 年，由于国家推行"大跃进"和人民公社化运动，导致农业减产，工业畸形发展，城市化也出现畸形的超速发展；1961—1963 年，由于"大跃进"和人民公社化运动的影响，再加上自然灾害等造成的农业衰退和粮食减产，国家不得不实行压缩城市人口的政策，导致城市化倒退；1966—1976 年，发生了"文化大革命"，经济一片萧条，国家号召城市知识青年上山下乡，城市化再次出现倒退；改革开放以来，国家先后推行住房改革，实现住房商品化，进而放开土地市场，推行分税制，极大地刺激了房地产业的发展，房地产业甚至出现了泡沫经济现象，城市化飞速发展。当代中国城市化的这种政府主导模式带来了一些弊端，一定程度上脱离了市场规律，不利于城市化的健康稳定发展。

（三）大中小城市和小城镇发展不平衡

在改革开放初期，国家城市化发展的策略是"小城镇，大战略"，确定了"控制大城市规模，合理发展中等城市，积极发展小城市"的方针，全国拥有建制镇 2 万多个，乡镇企业如雨后春笋般迅速发展，经过近 20 年的发展，小城镇和中小城市人口比重上升，大城市人口在全部城镇人口中所占的比重有所降低。虽然我们一直在限制大城市的发展规模，但是，大城市的资源集聚优势仍然十分明显，因此十余年以来，大城市的发展比小城市和城镇更加引人注目。大规模的扩张似乎走上了西方城市化的老路，导致交通拥堵、环境恶化等一系列的城市问题，越来越引起人们的关注。如何引导大中小城市与城镇协调发展成为城市化进程中的重要课题。党的十八大提出要推进新型城镇化建设，无疑是希望在未来的城市化进程中，做好这种协调工作。未来中国新型城镇化建设，将遵从"公平共享""集约高效""可持续"三个原则，按照"以大城市为依托，以中小城市为重点，逐步形成辐射作用大的城市群，促进大中小城市和小城镇协调发展"的要求，推动城市化发展由速度扩张向质量提升"转型"。

（四）城市化质量滞后于城市化数量

改革开放 40 多年来，中国的城市化速度举世瞩目，城市化率由 1978 年的 17.92% 上升到 2021 年的 64.72%，城市马路不断延伸，高楼大厦林立，全世界十大摩天大楼中，中国有其六，城市面目不断刷新。然而，城市化并不等于城市的无限扩张，不等于建筑物的增加与马路的延伸，不等于城市人口的增加，城市化的数量因素虽然必需，但不等于全部。当前，城市化带来的矛盾和问题十分突出，如拥挤的城市、紧张的城市住房、失业与贫困、人文精神缺失、人情冷漠、高犯罪率、生态环境危机等，这不是我们所希望的城市化，我们所希望的城市是和谐发展的、可持续的、高效集约的、公平共享的文明之城，这就是城市化的质量。城市化在飞速前进时，应时刻回头看看，不能闭着眼埋着头往前冲。城市化更要重视现代城市精神风貌、道德价值观念、市民社会的确立。

第三节　当代中国城市化与中国社会格局的变革

改革开放尤其是 20 世纪 90 年代中国特色社会主义市场经济体制确立以后，中国城市化进入加速发展时期，一场波澜壮阔的历史性的社会结构变革在中国大地上演。随着农村剩余劳动力的转移，产业结构、空间结构、消费结构、投资结构等都在发生变革，这场变革深刻地影响城市社会和农村社会，导致城乡关系的变革。

一、农村社会的衰退

（一）劳动力的转移与村经济的衰落

改革开放肇始于农村。改革开放后，农村实行家庭联产承包责任制，一举激发了农村的活力，农业生产率大大提高，农村出现了大量的剩余劳动力。但是这一改革最终的受益者主要是城市，大量的农村剩余劳动力转移到城市，带来了城市化率的快速增长，城市人口占总人口的比重从1978年的17.92%上升到2021年的64.72%。这一变革并没有给农村带来持续的繁荣，反而造成农村持续的衰落。由于大量青壮年劳动力进城务工，农村空心化，只留下老幼妇孺，虽然中央连续减轻农民负担，免收农业税，甚至对农业进行补助，但农民仍然不愿意种田，宁愿去城市务工，很多农村过去一年种三季、双季，每年农忙季节一派热火朝天的景象，现在因为农村劳动力短缺、农产品价格低廉、农药化肥价格高昂等原因，纷纷改种一季，仅供家人生活之需，或者改种玉米等旱粮，或者改种蔬菜，甚至有的大面积抛荒。随着老一辈农民工逐渐淡出历史舞台，回农村养老，新生代农民工群体出现，农村的土地抛荒现象越来越严重，因为现在农村已经几乎没有年轻人传承农业生产技术了，昔日大片的良田，每到收割季节，满眼金灿灿的水稻，好不可爱！如今，这些良田杂草丛生，完全是另一番景象。随着全面小康社会的实现和乡村振兴的推进，农村面貌大为改观，农业和农村的发展模式发生了翻天覆地的变化。虽然一些山区农村水田改旱地、旱地变林地的现象仍较为普遍，但这并没有影响农业的发展，相反，农业现代化水平提高了，农业生产率提高了，农村的发展模式转变了，农村更美丽了，农民的生活也大大改善了。

图 1-1　农村耕地抛荒景象（摄影：本文作者）

（二）农村社会治理的弱化

城市化除了影响农村的农业生产，导致农村经济衰退之外，也动摇了农村社会治理的根基。农村社会治理是指运用农村公共权威管理农村社区，通过对农村社会的调控和治理，达到增进农村社区公共权益目的的一个动态过程。传统的农村社会治理是一种宗族乡绅威权治理，国家对农村社会的实际控制，在县以下农村基层社会是由社会权威在非制度的层面进行的，这些社会权威一般由族长、乡绅和地方名流组成，实际承担着对传统中国农村社会日常生活的管理职责。因此有学者称这实际上是一种乡绅主导的自治体制。这种传统治理模式在中国持续了很长时间。目前，我国农村大多数采用的是一种政党、政府、村民组织共同治理农村社会的三元结构模式，这与中华人民共和国成立至改革开放前的乡村治理模式看起来是一样的。村民代表大会和村民全体会议是村的最高权力机构。村"两委"，即村民委员会和村党支部委员会，是村的自治权威机构和执行机关。其中，村民委员会属于村民代表组织，村党支部属于政党组织。村民委员会主任和村党支部书记是村务的最高领导者。村委会一般下设治安、计划生育、妇代会、共青团等小组或委员会，属于各类职能机构。乡镇政府作为农村村民自治的指导机构，是国家权力最基层的一级政权。由此便形成了政党、政府、村民组织共同治理农村社会的三元治理模式。

改革开放以来，随着城市化进程的加速和农村社会的变革，农村社会治理的外在模式虽然没变，但实际效能在悄然发生变化。一是农村的青壮年都外出务工去了，这一群体成为半城市化人口群体，处于半治理状态。他们身在城市，农村无法掌握他们的情况，最多就是强制性进行计划生育检查，即便是计划生育，也不可能完全管理到位；同时，他们的户籍和家人又都在农村，城市社区和用工单位也不可能管理到位，因而这一群体处于两不管的半治理状态。二是留守村民也处于半治理状态。留守村民主要由老年人、小孩和一部分妇女组成，青壮年都到城市打工去了，年轻一代大学生毕业后到城市工作，成了城市居民，即便没有取得市民身份的大学生，也不愿意回到农村工作，没有考上大学的"农二代"年轻人跟随他们的父辈来到城市，加入了新生代农民工的队伍，过去农村的乡绅威权已不复存在，又无法在年轻人中产生新权威，农村留守群体的治理主要依靠村党支部和村委会，这两个组织的主要工作是上传下达，即把村里的情况反映给上级政府和接受上级政府指示，完成其交付的任务；其次是调节村民之间的矛盾、纠纷，维护农村社会的稳定，然后还有一些关于计划生育、共青团、妇联等方面的工作。不过，由于农村社会的深刻变化，村党支部和村委会的权威性比过去大为减弱。并且，由于基层村委会干部享受的工作待遇不高，因此部分村委会干部也不会全身心地投入农村治理工作。从笔者调查的情况来看，很多农村不仅老年人和小孩得不到良好的照顾，就连老年人去世举办丧事，要按照当地风俗找到 16 名抬棺材的"金刚"都非常困难，因此有家族的权威长者做出强制性规定，凡族内或者村民小组内有老人去世时，在外地工作的年轻人必须每户至少回来 1 人参加丧事，如实在不能赶回来的，必须按规定支付高额工资雇请劳动力参加，否则将来他家里老人去世时，族内或者村民小组内其他家庭都不负责参加其丧事办理。

二、城市社会的扩张与分化

（一）城市的快速扩张

改革开放以来，中国城市化快速发展，城市急剧扩张，尤其是东部沿海地区的城市用地扩张的规模与速度更是史无前例；20 世纪 80 年代中期以后，随着土地使用政策的改革，中国的城市扩张速度加快；到 90 年代，随着工业化进程的加速，中国的城市化也进入快速发展时

期。1981—2002 年，中国城镇建设用地面积由 7 438 km² 迅速扩张到
25 973 km²。[①] 仅 2000—2007 年，城市建成区面积就增加了 1.3×10^4 km²，
增幅接近 60%。[②] 城市街道不断延伸，城市面积不断扩大，城市建筑物
不断增加，各大中城市一眼望去，高楼林立，湖南长沙的一个小区，可
以容纳 5 万多人居住，偶尔坐车到这个小区的地下停车坪，就像进入了
一个巨大的迷宫，分不出东南西北；贵州贵阳的某小区可以容纳 35 万人
居住，真不知道那是怎样壮观的迷宫。中国拥有世界上最多的摩天大楼，
全球十大摩天大楼中，中国独占其中 6 座，并且还有很多大楼在不断诞
生。城市人口也不断增加，城市人口占总人口的比重由 1978 年的 17.92%
增长到 2021 年的 64.72%。国内生产总值连续多年维持在 9% 左右的高增
长率，甚至连续多年达到 10% 以上，GDP 总量已位居世界第二。近年来，
随着国际国内形势的变化，中国强调发展重点从稳增长转变为调结构，
强调高质量发展，GDP 总量年增长率下调到 6% 左右。当代中国城市化
的速度举世瞩目，被称为"中国速度""中国奇迹"。

（二）城市快速扩张引发的问题

1. 房价高涨，"鬼城"频现

近十年城市化发展速度令人侧目，但最引人注目的是房价的不断攀
升。房价的畸高已远远超出了公众的消费水平，其后果是使住房脱离了其
居住本质，异化为少部分富裕阶层投资投机的筹码，不仅必然导致住房的
入住率降低，住房和土地资源闲置与浪费，而且将危及社会的稳定和国家
的安全。少数人坐拥大量房产，"房叔""房姐"层出不穷；与此相反，低
收入阶层和出身贫寒的年轻人望"房"兴叹，沦为城市"蚁族""蜗居族"。
中国一些城市住房的入住率不高，每到夜晚，新开发的小区一片漆黑，
被称为"鬼城"，而这不是个别现象。城市发展不仅仅是一个"造城运
动"，没有产业，没有人口，城市就成了"空城""鬼城"。

2. 环境污染、资源消耗严重

城市化与环境污染和资源消耗似乎是一对相生相克的孪生兄弟，总

---

① 高金龙，陈江龙，苏曦.中国城市扩张态势与驱动机理研究学派综述 [J].地理科
学进展，2013（5）：743-754.

② 谭术魁，齐睿.快速城市扩张中的征地冲突 [J].中国土地科学，2011（3）：26-30.

是结伴而来。城市化必然要造成资源消耗和环境污染，快速的城市化必然带来资源的快速消耗与环境的快速污染，这是无法回避的现实问题。当代中国城市化进程中，城市化的速度很快，但城市化进程中污染环境和消耗资源的速度更快，因而必然遭到公众的批评。

（三）城市社会阶层的分化

笔者喜欢步行，经常在上下班的时候选择步行，因为在步行时可以安静地思考一些问题，还可以观察一些现象，加深对社会的了解。从单位到家属区，经过3个广场，到了华灯初上的时候，每个广场都有很多中老年妇女在跳广场舞；马路边有很多的小店，一些年轻的修理工在忙碌着，衣服满是油污；每次经过豪华酒店和饭馆的时候，旁边总是停满了各种品牌的豪华轿车，店里高朋满座，热闹非凡；偶尔还会碰到形态各异的一些人，问要不要开发票、要不要二手手机，还有在地上写着"求好心人给2元钱买吃的"跪在地上讨钱的老人和小孩，面对着这样不同生活状态的人，我们不得不承认，当今社会并不是整齐划一的，而是由不同阶层的人群组成的。这种社会阶层的分化乃至逐渐固化，在城市化快速发展的当今的城市中表现尤为突出。

笔者以"城市社会阶层"为主题词在中国知网上搜索，得到数百条记录，表明城市化进程中的城市社会阶层的分化问题早已进入学者的研究视野。但出于种种原因，学界对当代中国城市化进程中的城市社会阶层问题的研究尚不是十分深刻和透彻，有的语焉不详，有的官样文章，有的过于简单化，有的又过于繁复，还有的采用"黑板经济学"的研究方法，搞些让人摸不着头脑的模块研究，脱离现实……

城市社会阶层的划分是十分复杂的。有的学者把当代中国城市社会划分为国家和社会管理者阶层、专业技术人员阶层、办事人员阶层、工人阶层、农民阶层等九个阶层；[1] 有的学者把当代中国城市社会划分为社会精英阶层、社会中间阶层、社会中下阶层等四个阶层；[2] 还有学者把当代中国城市社会划分为工人阶层、自雇佣者阶层、私营企业主阶层、其

① 王开玉，方金友.我国中部地区城市社会阶层结构的现状分析：合肥社会结构变迁的调研[J].江淮论坛，2002（3）：44-50.

② 张登国.构建和谐的城市社会阶层结构[J].新疆社科论坛，2007（3）：46-49.

他（未能确切区分的阶层）等七个阶层。① 这些城市社会阶层划分的方法都有一定的道理，划分的理论依据不完全一样，大多参考了马克思和马克斯·韦伯的理论。马克思强调社会分工、生产资料的占有、财产所有制对社会阶层划分的决定性作用。马克斯·韦伯虽然与马克思一样强调经济因素，但更注重市场能力和市场中的机会对社会阶层划分的意义。② 而这些理论对当代中国城市社会的阶层划分只具有参考和借鉴意义，因为中国城市社会阶层的形成远不止这么简单。比如：强大的政府机构在当代中国城市社会造就了权贵利益阶层；国有企业造就了一大批垄断企业贵族；房地产改革等一些不成熟的体制改革造就了一大批暴发户；城乡二元户籍制度又把普通城市居民分为了市民和外来务工人员（农民工）；等等。总之，城市居民出现了三六九等的阶层分化，各阶层的市民因为共同的语言、文化需求和利益关系，往往以自愿性或者非自愿性的方式，同其他阶层分隔开来，形成各自的群体亚文化圈。③ 每到一个新的城市，当地朋友都会介绍哪个小区是外国人社区、哪个小区是富人区、哪个小区是公务员小区、哪个小区叫教师新村等，至于安置小区、城中村、政府廉租小区等，一般不需要介绍，都一目了然。这些城市社区的建筑物都成为当今城市社会阶层分化的标志之一。

从理论上说，城市社会阶层的分化并非坏事，社会在公平正义的前提下出现适度的阶层分化有利于社会的进步，相反，绝对的平均主义是不利于社会进步的，只会导致懒惰，扼杀人的创造力和积极性。就好像我们反对垄断，提倡市场化，但真正纯而又纯的完全透明的市场经济是不存在的，即使存在这样纯而又纯的市场经济，也是不利于企业的创新和竞争的。所以，现实中的企业都在不断地谋求在某个环节、某个领域、某个时间段的垄断地位，这叫差异化竞争，而不是毫无创新的同质性恶性竞争。城市社会阶层的分化如果在公平的制度框架保证之下进行，是正义的。当然这种分化应该保持一定的度，意大利经济学家基尼制定了评价贫富分化的系数，即基尼系数（Gini coefficient），为国际社会所认

---

① 郑杭生. 关于我国城市社会阶层划分的几个问题 [J]. 江苏社会科学, 2002（2）: 3-6.

② 王开玉，方金友. 我国中部地区城市社会阶层结构的现状分析：合肥社会结构变迁的调研 [J]. 江淮论坛, 2002（3）: 44-50.

③ 徐晓军. 城市阶层隔离与社区性格 [J]. 社会主义研究, 2007（1）: 98-100.

可。这个系数数值越高，表示贫富分化越严重，如果超过 0.4 这条红线，表示贫富分化过度，社会财富分配过于集中，已经威胁到社会的安全与稳定。根据国家统计局发布的信息，中国的基尼系数近十年连续超过0.4，早已超过了红线，因此政府需要制定政策、出台方案，缓解现状。

表1-5　2011—2021年中国基尼系数统计表

年份	2011	2012	2013	2014	2015	2016	2017	2018	2019	2020	2021
基尼系数	0.477	0.474	0.473	0.469	0.462	0.465	0.467	0.468	0.465	0.468	0.466

城市化进程中，制度不完善以及与其相关的腐败问题，导致权力与资本越来越高度结合，导致城市社会中的主要资源被垄断，如果由此而导致社会阶层分化，其合法性、正当性必然会遭到公众的质疑。

比城市阶层分化对社会的危害更为严重的问题是城市社会阶层分化以后的阶层固化。城市社会阶层分化、固化、对立的情况日益严重，堵塞了底层优秀人才上升的通道，也堵塞了社会精英阶层输入新鲜血液的管道，造成低收入阶层对社会不满、怀疑、怨恨，进而仇官、仇富、仇警，中等收入阶层产生严重的被剥夺感，新富阶层追求物质主义、消费主义、享乐主义，金钱至上的观念泛滥，奢靡之风频吹。

三、城乡社会格局的调整

（一）从二元社会到多元社会

中华人民共和国成立至今，中国的城乡关系一直是二元结构体制。不同的是，这种体制在不同的历史时期执行的程度有所不同。1958 年1 月全国人大常委会第九十一次会议通过《中华人民共和国户口登记条例》，标志着中国以严格限制农村人口向城市流动为核心的户口迁移制度形成。这种体制从事实上将城乡居民分成两种不同的社会身份，城镇人叫职工，农村人叫社员，后来叫农民。两种身份的人的社会地位、福利待遇、资源配置等都有很大区别，两者不可以自由改变，所以叫二元社会、二元体制。农村人口从事农业生产，除了供应农民自身的生活，还要向政府交纳公粮、农业税和上交款（现已取消），以保证城镇人口的粮食供应并支援城镇工业生产。城镇人口主要从事工业生产和服务业，凭户口享受低价的粮食供应，享受城市的福利供应。因为两者差别很大，所以农村人与城市人基本上不通婚。就连部分农裔城籍的优秀青年，在城市里工作和生活，都往往因为其农村的家庭背景而受歧视，找不到理想的结婚对象。农村人梦想到城市工作和生活，叫作"跳农门"，但实现这种梦想的途径很小，除非读书参加高考考上大学，或者参军转政。但真正能实现"跳农门"梦想的只是极少数人。在改革开放以后，暂住证制度既可以看作这种城乡壁垒存在的标志，也可以看作弱化这种壁垒的一种措施。也是在改革开放以后，城市户口还可以卖钱变现，一个小镇的城镇户口当时价值约 3 万元人民币。而改革开放以前，农村人到城市办事，必须到当地政府部门开介绍信，严格限制在城镇滞留的时间和范围，如果没有办理这样的手续，盲目到城市去，那就是"盲流"，由城管部门强制送到收容站，并遣送回乡。这种二元体制发展到改革开放时期，仍没有改变，只是这种二元体制在改革开放以后实质上发生了变化，实际上已衍变成了多元体制。

所谓多元体制，就是改革开放以后，城乡二元结构体制的大框架并没有改变，但是城乡之间的差别有所减小；并且，城市内部和乡村内部成员之间出现了分化，城市内部成员之间出现了分化，职工的铁饭碗被打破了，城市出现了下岗职工，城市里还有了一支庞大的外来务工人员（农民工）队伍。农村内部成员之间也出现了分化，除了一部分留守农村的原生态农民以外，农村出现了个体户，还出现了外出开矿、跑生意的暴发户，出现了离开农村和农业生产，专门到城市打工的半城半乡、亦工亦农的农民工。因为城乡内部成员的这种分化，整个社会实际上由过去的二元体制逐渐演变为多元体制了。城市里的富人阶层更富，城市里的穷人阶层比农村的富人阶层要穷，农村的穷人阶层比过去更穷。①

（二）从以农哺城到以城哺农

城乡二元结构体制在当时的历史条件下，其初衷是好的。中华人民共和国成立初期，国家一穷二白，工业基础几乎等于零，连火柴都不能

---

① 北京大学"社会分化"课题组.从城乡分化的新格局看中国社会的结构性变迁 [J].社会学研究，1991（2）：2-14.

自主生产，并且在西方列强的威胁与封锁下，国家没有工业保障和安全保障，当务之急是立即建立国家工业体系，恢复国民生产。中国是一个传统的农业大国，当时的城市条件非常有限，养不活很多的城市人口。在这种背景下，国家实行城乡二元结构体制，目的是以农哺工，以农哺城。为了在工业上赶超英美，拼命提高工业品价格，压低农产品价格，实质就是牺牲农业和农民的利益来支援工业，以广大农村和农民来哺乳工业和城镇。这种畸形政策被称为"剪刀差"。这种剪刀差有学者通过比较研究得出如下结论：工业品的价格普遍高于其本身价值 60% ～ 500%；农产品的价格，普遍低于其本身价值 44% ～ 73%，只相当于其本来价值的 34% ～ 56%。[①] 在这种以农哺城的二元体制下，农民日晒雨淋辛苦劳作一年实际赚不到钱，反而要赔钱，即使到改革开放初期，农民劳动一年，上交给国家的征购粮所得的收入还不够交纳政府的农业税和上交款（现已取消）。

直到改革开放初期，这种局面仍没有改变，只是这种"剪刀差"从"粮食剪刀"差逐渐转变为"土地剪刀差"。中国实行的土地政策是土地国有制，农村土地虽然是"集体所有"，但实际上集体并不能买卖，只能由政府买卖，不能自由流转，而且由政府定价。政府以极低的价格征用、征购农民的土地，再将土地使用权以极高的价格出让给企业，政府从中获得巨额"剪刀差"，投入城市建设等方面。企业再在以后的出让、转租、开发等经营行为中赚取超额利润，由此产生了大量的富豪。城市居民通过购买房地产改善了生活和工作条件，且随着土地的升值财富也得到了增值。通过对农民土地的这种垄断经营，地方政府、企业、城市居民利用土地"剪刀差"制度，分享了农民土地的商业价值。地方政府通过"经营城市"，以很低的代价和很高的效率促进了快速的城市化。当前，随着城市化进程的加速，政府从土地差价中赚取的利益越来越大，引起了被征地农民的强烈反弹。

2002 年，大学毕业来到湖北省监利县棋盘乡工作的李昌平，目睹了城乡二元结构体制以农哺城政策给农村带来的问题，用"农民真苦，农村真穷，农业真危险"13 个字概括出中国"三农"问题，向中央反映，引起了中央的高度重视。从此，连续 15 年中央一号文件都是"三农"问

---

① 雷茂盛.消除剪刀差 破解"三农"难 [N].中国改革报，2011-08-02（3）.

题，中国政府下决心要从过去的以农哺城转变为以工哺农、以城带乡，要让亿万农民分享改革开放的成果。中央逐渐免除了农民的农业税、上交款，提高农产品价格，开展农村水利建设，开展社会主义新农村建设，免除农村中小学生学费，给农村中小学生提供免费午餐，政府还采取各种补贴政策对农民进行补贴，如近年来，有的地方给农民免费发放粮食种子，还按面积给农民种粮实行补助，重新建立农村医疗保险制度，等等，以实际行动反哺农村和农民。

第四节　城市外来务工人员的身份认同困惑与道德危机

一、城市外来务工人员的身份认同困惑

在如火如荼的城市化进程中，城市人改变了城市的物质外貌，城市也改变着城市人的物质生活和精神风貌，两者相辅相成，互相促进。然而，由于二元体制的局限，中国的城市化进程有一个特殊的副产品，那就是相伴而来的约3亿城市外来务工人员（农民工）。需要说明的是，本书所论的外来务工人员指的是从农村到城市打工的人群，习惯上称为"农民工"，而不包含城市间相互流动的工作人员等。这一群体身份特殊，就好像是既不属于鸟类又不属于兽类的蝙蝠一样，他们的身份十分尴尬，既不属于城市市民，也不属于农民。

城市外来务工人员从职业来看，是从事非农产业，大多是从事体力劳动的工人；从地域来看，他们来自农村，却在城市生活和工作；从福利待遇来看，他们不享受城市的医保、教育、福利房等福利政策，只享受户籍所在地的农村福利政策；从户籍来看，他们的法定身份仍然是农民。他们对法定户籍制度赋予的农民身份的自我认同度比较低，他们希望按照职业生活环境等经济社会因素重新认定自己的身份，但面对制度的强制性认定和市民的习惯性认定，"农民"二字成了他们身上挥之不去的标签。[①] 而城市社会对外来务工人员的身份认同也不一，有的接受

---

① 李蕾.新生代农民工身份认同困境分析[J].陕西行政学院学报，2010（3）：110-112.

他们为新市民，认可他们对于城市发展的贡献，也有的人排斥，动不动叫他们"乡巴佬"，认为他们是城市脏、乱、差的表现。城市管理者对于外来务工人员采取的管理方式往往是防范式管理，他们认可外来务工人员承担城市中最苦、最脏、最累、最危险的体力劳动，而付给他们的报酬却是最低的，他们的到来有利于城市的发展，但同时，管理者又担心城市外来务工人员的全方位到来，会给城市居民带来巨大的竞争和冲击，他们的生活方式与生活习惯与城市居民格格不入，会让城市居民缺乏安全感和认同感。因此城市管理者对外来务工人员往往采取经济接纳、社会拒入的态度，把他们作为外来者进行防范式管理，而不是关心式管理。[①] 出于上述原因，农民工对自己的身份认同陷入了困惑和矛盾之中。笔者通过问卷星网络调查和现场问卷调查收回 2 040 份有效答卷，问到是否打算在家乡买房，分别有 23.53% 和 45.10% 的人表示已买或者计划买，只有 31.37% 的人表示没打算在家乡买房，表明在城市外来务工人员中 68.63% 的人并不认同自己是城市人，打工只是谋生，终究还是会回老家，但也有 31.37% 的城市外来务工人员认同自己是城市人，没打算回老家生活。

表1-6　外来务工人员调查（"是否打算在家乡买房"）

选项	小计	比例	
是，已买	480		23.53%
是，计划中	920		45.10%
没打算	640		31.37%
本题有效填写人次	2 040		

　　上述调查问卷中设计的另一个题目"有无在打工地买房打算"的答卷情况也印证了城市外来务工人员对自己身份的认同情况。分别有 17.65% 和 29.46% 的人表示已买或者计划买，有 52.89% 的人表示并没有打算在打工地买房，表明在城市外来务工人员中 52.89% 的人并没有认同自己是城市人，这与上一份表格中的 68.63% 比较接近而又略有差别，表明城市外来务工人员对自己的身份认同并不稳定，有些无奈，有些彷徨，没有底气，对自己新市民的身份认同度不高。

---

① 　石攀峰 . 农民工身份认同的思想心理障碍及对策 [J]. 求实，2011（3）：82-85.

表1-7 外来务工人员调查（"有无在打工地买房打算"）

选项	小计	比例	
有，已买	360		17.65%
有，计划中	601		29.46%
无打算	1 079		52.89%
本题有效填写人次	2 040		

二、城市外来务工人员的道德困惑与危机

农村和城市是两个不同的道德体系。农村是一个熟人社会，村民之间很熟悉，很多村民之间都有不同程度的亲戚关系，农村的道德体系就是建立在这种血缘和地缘关系基础上的温情脉脉的熟人社会，经历了数千年的传承与发展，传统道德观念中的父慈子孝、夫唱妇随、长幼有序、安土重迁等观念在农村依然占据主流地位。城市是一个陌生人社会，原始市民所占比重很小，大多数市民是外来人，而且流动性很强，市民相互之间并不熟悉，联系松散，缺乏情感性联系纽带，正如滕尼斯所说："无论是对于富人也好，还是对这些下层群众也好，大城市纯粹由自由的个人组成。"这些自由的个人在"不断地相互接触，相互交换和共同发挥作用，然而在他们之间却没有产生共同体和共同体意志"[1]。城市的道德体系就建立在这种陌生人社会的基础之上，人人为我，我为人人的社会公德观念、职业道德观念维系着城市的正常运转，公德与慈善、诚信与合作、包容与和谐、教化与榜样、继承与创新等是现代城市道德的核心观念。[2]

城市外来务工人员由于群体性身份认同的困惑，必然在道德认同中面临着同样的困惑和危机。一方面，他们留恋乡村熟人社会的道德观念，认为它让人觉得更有情感、更亲切，一下子无法完全接受城市的陌生人社会，以及城市道德观念。另一方面，由于在城市社会受到排斥，新市民身份不被认同，他们不同程度地对城市道德观念产生某种抗拒，自私、没有公德心、不讲职业道德、对他人冷漠等道德缺失现象还在一定程度上存在着。同时，由于长期远离家乡和亲人，他们的家庭观、婚恋观、

① 滕尼斯.共同体与社会：纯粹社会学的基本概念 [M].林荣远，译.北京：商务印书馆，1999：334-338.

② 李雅静.论城市道德 [J].科教导刊（中旬刊），2012（8）：238-239.

赡养观、生育观等也在不知不觉中发生变化。正确认识城市外来务工人员的道德状况，确立合理的道德建设目标，探讨正确的道德教育和引导机制，是城市化进程中必须认真对待的一个理论和现实课题。这是本书写作的初衷，也是本书研究的最终指向。

第二章 城市外来务工人员社会公德观念的嬗变及其引导

　　城市化浪潮正席卷整个中华大地，一座座崭新的现代化城市像变戏法一样在神州大地上拔地而起，以至于当人们离开自己生活的城市短短几年，再回到自己的城市时，无不感叹城市面貌的日新月异，感觉找不到家了。然而，城市的高楼、街道和广场只是城市的物质载体，只是城市化的一个方面，城市化的另一个方面是人的现代化。人的现代化是城市化和现代化的核心，即要推进人从传统向现代的转型，推进人的思想观念、道德价值观念、素质能力、行为方式、社会关系等方面的现代转型。城市是城市人的利益共同体，是城市人的共同家园。城市变大了，变新了，我们的家园变阔气了，变得更加漂亮和舒适了，随之而来的是城市人的公共空间更广阔了，公共活动更丰富了。城市的公共领域当然需要一定的法律制度和道德规范去维护其秩序，否则，再高的建筑、再宽的街道，也不过是水泥钢筋的堆砌。因此，城市道德体系中首先要建设的是城市社会公德。[①] 城市外来务工人员从农村到城市的角色转换，以及二元体制造成的身份认同的特殊性，使城市外来务工人员社会公德培育和引导工作变得尤为重要。

---

① 刘泽华，张荣明，等.公私观念与中国社会[M].北京：中国人民大学出版社，2003：93.

第一节　城市化进程中社会公德嬗变的表现

一、社会公德的概念、内涵和特征

（一）社会公德的概念

公德是相对于私德而言的，这关涉传统的公私之辩。"公"和"私"，分别指代公共领域和私人领域，在英文中分别叫 public 和 private。然而，因为人是具有社会性的，不可能脱离社会而存在，每个人的私人活动都会影响到社会中的他人，所以，公共领域和私人领域是很难严格区分的。正因如此，公德和私德的划分也是一个难题，并且两者常常会相互转换。在中国传统道德体系中，公德的内涵比较广泛，特别是宋明理学时期，几乎儒家所倡导的所有道德观念，所谓忠恕，所谓仁义礼智信，所谓恭宽信敏惠，所谓立人达人、老安少怀、己饥己溺、先劳无倦，都被称为公德。这对于具有社会性的人来说，也有其道理，但却完全模糊了公德和私德的区别。本书所指的公德即公共道德，是指公共领域的道德规范，指"社会公共事务、公共角色和公共行为当中的道德原则和规范"[①]。而对应的私德，是指私人生活中的道德规范，指不涉及社会大众的个人修养、品行、作风、习惯、家庭婚姻观念等。

近代日本学者福泽谕吉认为，道德是有公与私之分的。与人的内心活动有关的，像诚恳、单纯、谦逊等都归属于私德范畴；与人的内心活动无关的，是人类与外面的环境接触而发生的一些社交行为所体现的道德，像正义、正直、顽强，就属于公德这一范畴。与人的内心活动有关的私德是被动形成的，而由外面的环境引发的一些社交行为所体现的公德则是主动形成的。私德是古代社会的统治者维持社会正常秩序的一种重要工具。随着人类文明的进步，人际交流越来越多，维持社会正常秩序的私德的功效逐渐降低，而公德则逐渐成为人类社会正常生活秩序的调节手段。[②]

近代中国学者梁启超、严复等曾游学日本，学习过福泽谕吉的社会

---

① 徐海峰.试论公共道德存在的价值基础 [J].理论界，2003（2）：18-19.

② 福泽谕吉.文明论概略 [M].北京编译社，译.北京：商务印书馆，1959：73.

道德思想，并试图根据当时中国社会的现状将福泽谕吉的道德思想中国化。梁启超提出：人与人之间都保持相互友好、相互谅解，我们就称之为公德；如果每个人只关注、关心自己的利益，我们将这种行为称为私德。公德是指大众场所中人与人之间发生的道德活动，像个人和集体、国家之间所发生的各种复杂关系；私德是指个人自身的，不与他人、社会、国家有关系的品行和道德涵养。①

马克思指出：全人类最重要的准则即是人与人之间都应该努力实现社会的公平、正义、有公德心。列宁对社会公德的理解是：公德即为人类几千年文明传承下来的最基本的公共生活准则，它指的是人类社会为保证正常生存、生活所需要共同遵守的行为规范。②《辞海》的解释是：现指人们在社会公共生活中应当遵循的基本道德。

在实践中，社会公德可从广义和狭义两个方面来理解。罗国杰认为，"从广义上说，与人类亲情、爱情等与家庭生活问题有关的道德以及与个体品行、思想相对的与集体或国家利益有关的道德称为公德。""狭义的公德指的是在特定的人类生产活动中，为了保证社会活动有序进行，每一位公民都需要遵守最基本的大众生产活动的规则。"③ 魏英敏认为，从狭义的角度来说，社会公德指的是集体生产活动的规则，包括两方面：一是指人与人在处理各种重要复杂的关系、实践活动和人际交往等社会实践活动中遵守的由集体、社会公认的道德行为规范。我国宪法中所提倡的"五爱"，指的就是这一层面上的意思。二是指集体、社会中的人在与他人的交往过程中，为了保证人与人的这种交往活动持续下去，要求每一个人都应学习和遵守的基本道德规范，它常以风俗习惯的形式呈现。④ 在当今社会化生产活动的道德评价体系中，公德是大家一致认同的一个重要指标。随着社会的进步，人类的活动范围将越来越广，人与人之间的接触也越来越多，社会公德的重要性越来越凸显，成为人们日常公共生活不可或缺的调节剂。

---

① 梁启超.梁启超全集：第2册[M].北京：北京出版社，1999：660-661.

② 《公民道德修养手册》编写组.公民道德修养手册[M].北京：红旗出版社，2001：146.

③ 罗国杰.伦理学[M].北京：人民出版社，1989：217.

④ 魏英敏.关于国民公德建构的思考[J].北京大学学报（哲学社会科学版），1997(2)：25-30，159.

（二）社会公德的内涵

社会公德通过人们的道德意识而形成，依靠一定的道德规范及风俗习惯来维系，体现了个人利益与他人利益和社会利益的相互关系，是人类社会文明进步的标志之一。社会公德可以反映一个社会的伦理道德水平，显示一个民族的伦理道德精神，体现一个地区的伦理道德特性。"一个没有'社会公德'的民族是个危险的民族，而一个拥有良好'社会公德'的民族必定是充满希望的民族。"[①] 通常来说，社会公德主要体现的是整体利益与个人利益、整体与个人的关系，社会公德渗透在社会生活的不同领域。在人与自然的关系上，现代文明要求人类应当遵循适当的规则，重新审视自然与人的关系，以寻求人与自然和谐相处。在人与社会的关系方面，人与社会的联系越来越密切，人们遵从社会的规则，在奉献于社会的时候，也从社会获取自己所需，并找到自己恰当的位置，这也是人与社会良性互动的前提。在人与人的关系方面，人们的交往越来越多，范围越来越广阔，公共行为的规范自然成为必需；随着生产力的迅速发展，公共生活领域不断扩大，人际交流越来越复杂、频繁，社会公德在维护公共秩序、保持社会稳定、保障公众利益方面的作用更加重要，社会公德成为衡量社会的文明程度以及公民个人道德修养水平的重要指标。

社会公德以个人的行为对他人、对社会有益为准则，是通过教育、舆论、信念、传统、习惯的力量来实施约束的规范准则。对社会的贡献或为他人及社会做出必要的牺牲之所以具有道德价值意义，在于它对维护作为社会成员的他人的利益具有不可缺少的支撑作用。没有个人对社会公共生活的自觉维护，社会公共生活就不可能存在和发展，并会危害到每一个人的自身利益。在一定条件下，社会需要个人做出一定的牺牲，才可保证作为整体的社会公共生活的延续。但是，任何一个社会管理者决不能无条件地要求公民个人做出牺牲。即使是以社会的名义要求个人做出某种牺牲，也必须是在个人自觉自愿的前提下。只有这样，才构成公民的道德行为，这一行为才具有道德价值。因此，从这个意义上讲，

---

① 马奇柯.社会公德、职业道德、家庭美德、个人品德关系论析[J].学术交流，2008（2）：47-50.

社会公德是全体成员都必须遵守的维护社会正常生活的最起码、最简单的生活准则和行为规则，是人类社会公共生活中最低层次的道德要求，是底线伦理，是作为文明公民应具备的基本条件。

如果把社会公德置于当今中国的城市和城市化背景下来考量，无疑更具有理论意义和现实价值，也更便于我们理解其内涵。首先，社会公德发生的场地是大众公共场所。公共场所主要指那些对公众开放的场地与空间。公共场所是为了满足人类不同形式社会活动的需要而产生的，说明人是脱离不了社会而生存的，即人具有社会属性。公共场所也需要有一样东西去维持它正常运作，即公共道德。公共场所范围、领域有大有小，城市中的公共场所非常之多。与城市经贸相关的有超市、金融中心、人力资源交流中心等各类交易场所等；交通运输方面有高速公路、街道、河流、码头、火车站、汽车站等以及与之相关的大巴、轮船、火车等交通工具；与生产活动相关的有酒店、招待所、洗浴室、理发店等；生活娱乐场所有花园、体育场、电影院、图书馆、博物馆、展览馆等；与住房方面相关的有政府大楼、各种活动中心、各种小区等。其次，社会公德适用的对象具有公共性。在公共区域中产生道德关系的人，小到私人，或者是在公共场所内的每一个人，因此，道德发生的对象主体范围很广。再次，社会公德的要求具有公共性，这是当今中国城市化进程中最重要的方面。社会公德的公共性可以从两方面理解：一是社会公德要求社会乃至整个国家中的每一位公民都应该具有良好的道德观，人人平等，反映人类在道德面前一视同仁的意识观念；二是社会公德的内容来源于所有公民共同的要求与愿望，即法国著名启蒙思想家卢梭所说的"公意"，这也是当今城市化进程中社会公德建立的基石。因为只有与公众的意见相统一的道德才能被称为社会公德。最后，社会公德的评价具有公共性。道德评价的对象与主体都是人，评价的主要途径是通过社会舆论和公德心，而社会公德评价体系标准来源于人类一致的道德要求。

（三）社会公德的特征

1.社会公德的共同性

所谓共同性，也就是全民性。如前所述，社会公德所适应的范围主要是社会公共场所，人们在公共场所的身份完全由场所的性质赋予，与其个人的职业、身份或政治地位无关。比如：当你进入公园游览时，你的身份就是游客，你就必须遵守公园的公共秩序，保持环境卫生；当你进入影剧院时，你的身份就是观众，你就应该按照影剧院的规定，不大声喧哗，不乱丢果壳，当一个文明观众；当你进入图书馆、阅览室时，你的身份就是读者，你就应当爱惜图书，保持安静……可以说，人们在公共场合所表现出来的彼此之间的关系，是最一般的关系，而不是经济关系、阶级关系、政治关系。不管哪个阶级、哪个党派、哪个行业的人，也不管年龄和性别，在公共场合所应遵守的行为准则是由具体场合的性质决定的，而这一行为准则是需要大家共同维护和遵守的。当然，这种共同性的特点也不是绝对的，在不同的民族、不同的国家也表现出它的差异性。比如：在某些西方国家，男性见到女性吻其手或面颊被认为是文明之举，而这种现象如果出现在亚洲一些国家则可能被认为是不道德的轻浮行为。[1] 当然，这种差异性是由各个民族的文化差别所带来的，不影响社会公共生活的大局，我们应当在共同遵守社会公共准则的前提下，尊重各民族文化上的这种差异性。

2. 社会公德的群众性

群众性指社会公德具有十分广泛的群众基础，容易为全体社会成员所承认和接受，并为大多数群众所遵循。社会公共生活领域中的公共道德和生活准则，不仅存在于社会生活的某些特殊部门（如交通运输部门、仓库重地、医疗场所、住宅区等），还存在于社会生活的广泛的共同活动的地方（如影剧院、公园、车站、码头、食堂、澡堂等）。因此，它涉及亿万人民、千家万户，既为广大群众所必需，又易于被群众接受，因而具有广泛的群众基础。正因如此，一切尊重社会公德、维护公共生活秩序的行为，自然会得到人们的肯定和赞扬；一切违反社会公德、破坏公共生活秩序的行为，都毫无例外地要遭到人们的反对和谴责。事实正是这样。例如：乘车坐船自觉排队，主动让座；讲究卫生，保持清洁；积极培植花草树木，保护自然环境……这些行为给人带来方便，给社会带来益处，理所当然会得到群众的肯定评价。反之，那些乘车坐船抢占座位、"加塞"扰乱秩序，在影剧院大声喧哗，在公共场所随地吐痰、乱扔

---

① 刘书林.《思想道德修养与法律基础》教师参考书 [M].北京：高等教育出版社，2006：144.

果皮纸屑等有损他人利益的行为，必然受到群众的反对和指责。这些都说明了社会公德的群众性特点。由于社会公德是公民道德建设的基础内容，因而其内容都是人们很容易理解，也易于实行的。[①] 比如：在公共场所要遵守公共秩序，不能随意吐痰、乱丢垃圾，不损害花草树木，不能在名胜古迹上乱刻乱画，不能在公共场合打架斗殴，等等。这些规定都很容易让人们理解，不需要作深刻的讲解和说明，人们一看公告牌便知，一听就懂，即使文化水平不高的人也不难理解这些内容和要求，只要是具有基本道德观念的个体都可以做到。假如你在公共场合违反了这些行为准则，其他人便一看就知，这样也易于大家互相监督。因此，进行社会公德建设的关键在于不断实践，让人们在反复实践中养成习惯，从而自觉遵守社会公德。

3. 社会公德的稳定性

社会公德是人们在社会生产实践中逐渐积累而形成的日常行为规范，是一直以来世代相传，人们达成统一共识的道德规范，因此具有一定的稳定性。比如：对于"偷盗行为"，虽然不同时代的人们对其有不同的理解，而且至今偷盗行为仍然存在，但是数千年来，人们对偷盗者都深恶痛绝。因此，对偷盗行为的惩罚在不同社会的法规中有不同的体现，并且被世代保留了下来。再如：社会公德的某些基本规范在不同社会、时代有不同的表现，但在任何时候人们都把礼仪放在第一位，因为只有大家彼此以礼待人、以诚待人、互相谦让，社会才会和谐，人们才能安居乐业。这些社会公德的准则并不因时代的变迁而消失，相反，它们会被人们一代代地不断传承、积累下去，而社会公德的稳定性也恰恰体现于此。

4. 社会公德的继承性

公德是人们在公共生活实践中逐渐总结出来的道德规范，经过人们一代代传承和发展，表现为不言而喻的道德原则、约定俗成的风俗习惯，诸如诚信、公正等。这就是社会公德的继承性。这种继承性并非一成不变，而是伴随社会发展和人类自身认识能力的提高而不断变化、丰富和发展。

人类社会的各种形态的发展总是相互联系的，后一种社会形态是前

① 梁启超. 国性与民德：梁启超文选 [M].上海：上海远东出版社，1995：47.

一种社会形态发展的结果，因此，反映各个社会形态中道德关系的道德观念也必然存在着自身发展的连续性、继承性。社会公德中的许多内容都是从历史上继承下来的，应该指出，历史上或社会生活中的公德并非都是精华，也可能存在一些落后的、腐朽的因素，对此应实事求是地加以分析，批判地继承。

5. 社会公德的时代性

社会公德虽然是社会生活的共同规则，其中有些是一切时代所通用的，但并不是一成不变的僵化的体系，它随着社会经济关系的发展、社会形态的更替而有所删减或增添。在奴隶社会里，杀人殉葬被认为是合乎道德的行为；在封建生产关系产生后，劳动者的地位有所提高，不再是"会说话的工具"，而是具有一定独立人格的人，这时杀人不仅为人们所谴责，也为封建统治者所禁止。在封建社会里，烈妇守节是一项美德，但在资产阶级民主革命时期则被认为是残害妇女青春和生命的陋习，也是剥夺性爱自由的枷锁。古人的卫生知识和科学知识较为贫乏，他们没有像现代人一样要求所有人都遵守"不污染环境""不随地吐痰"等公德。在当代，经济社会制度发生了根本变化，社会公德也必然以全新的面貌呈现。

虽然社会公德具有继承性，民族共同认可的心理、风俗习惯以道德准则的形式被固定并沿袭下来，成为全社会人们所共同遵守的行为规定，但是，历史是进步的，社会是发展的，在不同的历史条件下，人们的公德规范也各有其特殊性，打上了历史时代的烙印，这就是社会公德的时代性。

总之，掌握社会公德的上述特点，是为了有针对性地开展符合当代社会需要的社会公德宣传和社会公德教育，提高公民的公德素养，维护社会稳定，保障公民生活幸福，实现社会和谐发展。

二、城市化对城市外来务工人员社会公德观念的影响

（一）城市化对城市外来务工人员社会公德观念的积极影响

根据马克思主义观点，物质是第一性的，意识是第二性的，物质决定意识，意识对物质具有反作用力。也就是说，社会生产力的进步必然带来社会公德水平的提高，而社会公德水平的提高又反过来对社会的进

步起推动作用。根据历史唯物主义的观点，任何道德关系的变革，都不是纯理智的变革，而是特定历史条件下生产关系变革的产物。当前经济领域最大的生产关系变革就是大量农村人口进入城市，实现了由传统的农业生产方式向现代的城市工业生产方式的转变，因此，当代中国道德领域的一系列嬗变，都是当前生产关系变革的产物，都跟当前的快速城市化运动具有因果关系。因此，城市化不纯粹是一场经济领域的变革，更是一场道德观念领域的剧变。这种道德变革最先影响的当是公共道德，即社会公德。城市化对公德领域的变革产生的作用有积极的一面，也有消极的一面。从积极的一面来看，城市化至少在公共意识、服务意识、诚信意识、规范意识等方面给城市新市民即外来务工人员带来了积极的、正面的影响，极大地改变了他们的道德风貌。

1. 城市化培养了城市外来务工人员的公共意识

所谓公共意识，学术界从不同的角度做出过不同的解读。本书所指的公共意识，指"社会共同体成员对公共领域内的准则、规范等的主观认可和客观遵守，是孕育于公共领域之中一种关心公共事务，改善公共生活，建构公共秩序，塑造以民众利益和社会需求为依归的伦理规范、政治价值和社会制度的深层意识"①，即公民在满足个人合法合道德的私利之外，自觉承担公共责任和公共义务。

在传统乡村社会，人们过着"日出而作，日落而息"，几乎自给自足的生活，公共生活空间十分狭小，因而谈不上公共精神和公共意识。"个人自扫门前雪，休管他人瓦上霜""静坐常思己过，闲谈莫论人非""事不关己，高高挂起""家事国事天下事，不关我事"等，这些都是传统乡土社会的道德格言，反映出传统社会里人们公共生活的缺失和公共意识的淡漠。所以，历史上许多研究中国国民性的学者都对中国这种公共意识的缺乏很有感慨。维新派思想家梁启超认为中国是一个缺乏"公共心"的国家，他说，"我国民所缺者，公德其一端也"。新文化运动领袖陈独秀也感言："中国……人人怀着狭隘的个人主义，完全没有公共心，坏的更是贪赃卖国，盗公肥私。"这里所说的"公德""公共心"与本书所说

① 王水平，熊涛.论我国公共意识的现代重构 [J].福建论坛（人文社会科学版），2009（3）：65-70.

的公共意识相近。① 中国传统乡村社会缺乏公共意识还有一个原因，就是中国传统社会其实没有真正的现代意义上的公民，其时人们受制于皇权、神权、族权、家长权，或者其他威权，没有独立的人格，没有公民身份的自觉认同，缺乏关心他人和公共事务的自觉和自信。

　　城市新市民即外来务工人员从乡村来到城市，其生产方式、生活空间都发生了巨大的变化。如前所述，城市具有广阔的公共空间，城市就是全体城市人的一个社会共同体。有公共空间就有公共利益，即公利。这就要求城市共同体的每个成员除了在法律和道德的框架内谋求个人的利益之外，还要能够做到超越个人利益，更多地关注他人利益、社会利益和共同利益。在城市公共空间，人们逐步意识到，帮助他人就是帮助自己，爱护公共环境就是爱护自己的环境，遵守公共秩序就是保护自己的利益，这就是公共意识。例如：爱护公共卫生，不随地吐痰，不大声喧哗，自觉排队，谈吐文明，举止得体，着装讲究，等等，逐渐成为城市人的基本素养和基本共识。某次，笔者参加一次海峡两岸文化联谊会，住在酒店，吃早餐的时候，我习惯性地吃了一碗又烫又辣的牛肉面，吃得满头大汗，感觉特爽快，一边呼噜呼噜地吃面一边擦汗，突然抬头，发现周围吃早餐的其他嘉宾个个正襟危坐，像读书似的认真，此后几天，我吃饭时都提醒自己注意形象，文明用餐。另一次，笔者到上海出差，顺便想见见在上海打工的表弟。我们在地铁站会面，当时，我正嚼完一片槟榔，习惯性地把槟榔渣随手一丢，西装革履的表弟立即伸出脚踩住我丢下的槟榔渣，直至下车时，表弟小心地用餐巾纸把槟榔渣捡起丢到垃圾桶。当时，我羞得满脸通红，我在城市生活了20多年，基本的公德观念却远远比不上刚到大都市打工才几年的表弟。可见，公共意识的养成是逐渐实现的，现代城市日新月异，城市外来务工人员的公共活动日益增加，他们的公共观念也开始逐渐形成。

　　城市外来务工人员的公共意识，突出地表现为对公共事务的关注，如国家大事、政治事件、社会事件、经济形势、娱乐新闻等。从对外来务工人员的调查情况来看，分别有27.45%和64.71%的外来务工人员表示很关心和偶尔关心国家政治，只有7.84%的外来务工人员对国家政治

① 　秦菊波.论现代公共精神与公民公共意识[J].江西科技师范学院学报，2009（6）：34-37.

抱无所谓态度（表 2-1）；分别有 25.49% 和 68.63% 的调查对象表示对社会事件很关心或者对感兴趣的社会事件会关注，只有 5.88% 的调查对象表示对社会事件无所谓（表 2-2）；分别有 27.45% 和 56.86% 的调查对象表示对经济形势很关心和偶尔关心，只有 15.69% 的调查对象表示对经济形势抱无所谓态度（表 2-3）；分别有 9.80% 和 50.98% 的调查对象表示对娱乐新闻很关心和偶尔关心，39.22% 的调查对象表示对娱乐新闻抱无所谓态度（表 2-4）；如表 2-5 所示，有 82.35% 的调查对象表示支持抵制日货，17.65% 的调查对象表示不会抵制日货。这些调查数据表明，外来务工人员绝大多数对公共事务表示关心或者偶尔关心，具有较强的公共意识，只有极少数人对公共事务无所谓。

表2-1　外来务工人员调查（"是否关心国家政治"）

选项	小计	比例	
很关心	560		27.45%
偶尔关注	1 320		64.71%
无所谓	160		7.84%
本题有效填写人次	2 040		

表2-2　外来务工人员调查（"是否关心社会事件"）

选项	小计	比例	
很关心	520		25.49%
感兴趣的会关注	1 400		68.63%
无所谓	120		5.88%
本题有效填写人次	2 040		

表2-3　外来务工人员调查（"是否关心经济形势"）

选项	小计	比例	
很关心	560		27.45%
偶尔关心	1 160		56.86%
无所谓	320		15.69%
本题有效填写人次	2 040		

表2-4　外来务工人员调查（"是否关心娱乐新闻"）

选项	小计	比例	
很关心	200		9.80%
偶尔关心	1 040		50.98%
无所谓	800		39.22%
本题有效填写人次	2 040		

表2-5　外来务工人员调查（"是否支持抵制日货"）

选项	小计	比例	
是	1 680		82.35%
否	360		17.65%
本题有效填写人次	2 040		

2. 城市化锻炼了城市外来务工人员的服务意识

传统乡村社会是一个相对封闭的狭隘的熟人社会，血缘和地缘是维系这种社会关系的纽带，乡民交际的圈子很小。传统乡村社会的生产关系是自给自足的自然经济，虽然也有商品交易，但是交易的范围和规模比较小，对整体乡村社会不构成冲击和颠覆性影响。相反，城市是一个陌生人社会，农裔城籍是城市人口的主流，城市人来自四面八方、五湖四海，彼此间不熟悉，人们因为职业分工的因素而组合成不同的小团体，城市人的吃、穿、住、行、娱乐、休闲等都由分工不同的陌生人为其提供服务。全体城市人组成一个巨大的利益共同体，共同体成员之间彼此高度依赖，相互服务，形成一种人人为我、我为人人的服务型社会关系。城市外来务工人员（新市民）从农村熟人社会来到城市陌生人社会，虽然他们可能早已习惯了吃、穿、住、行自己为自己服务的自给自足的生活方式，但城市不可能提供他们习惯的生活方式，他们吃饭、喝水、出行都不得不依赖陌生人的服务。为了生存，为了安全，为了共同的幸福生活，城市外来务工人员逐渐养成了服务意识，形成了服务道德，城市人日益感受到外来务工人员给大家带来的生活便利。在快节奏的城市生活中，城市人吃饭、喝水、购物，只需打个电话，就会有人上门提供服务，一天劳累之余，到歌厅听歌唱歌，到洗浴中心泡澡洗脚，到按摩医院推拿按摩，消除一天的疲劳，这各种各样的专业化服务给城市人带来的生活便利和愉悦是传统乡村社会不可比拟的。城市外来务工人员在为他人提供服务的过程中，也不断地体会到被别人服务的便利和喜悦，尝到了甜头，逐渐地融入陌生的城市。服务不仅提高了城市人的生活质量，而且可以创造和积累财富，城市人在城市共同体中通过不断地为他人提供服务，不断地提高服务质量、增加服务门类，不断地寻求和发现差异化服务途径，从而发现商机，创造财富，成长为城市新富一族。

城市外来务工人员从乡村来到城市，通过服务实现了从农民到市民的脱胎换骨式的角色变换，过去的农民，如今变成了西装革履且彬彬有礼的宾馆服务员、超市保洁员、医院护工、商场促销员，甚至成了城市白领。从乡村来到城市，外来务工人员的工作和生活方式发生了颠覆性的变革，过去的工作是面朝黄土背朝天的辛勤劳动，如今的工作由劳动转变为服务，服务成为一种工作方式。"您好！很高兴能为您服务！""您好！有什么可以帮您的吗？"确实，从这些脱口而出的工作语言中，我们完全可以感受到这种工作方式的变革。城市共同体的每个成员都是服务员，服务他人，同时也就是服务自己。调查情况显示，有27.45%和70.59%的被调查对象表示经常、偶尔会帮助陌生人，只有1.96%的被调查对象表示从不帮助陌生人（表2-6）。从这个数据来看，服务他人、帮助他人，逐渐成为城市外来务工人员的习惯和共识，而这还只是显性的服务意识，大部分工作，人们可能并没有意识到是为他人服务，但实质上是为他人服务，可以叫隐性服务，即便是那些从不帮助和服务陌生人的城市外来务工人员，他们在谋生、赚钱，表面看只是服务自己，实际上也是在服务他人。这种服务意识，既是从善如流的人性光芒的本能体现，也是城市化背景下长期养成的良好习惯并内化为观念和意识的体现。

表2-6　外来务工人员调查（"你会乐于帮助陌生人吗"）

选项	小计	比例
经常	560	27.45%
偶尔	1 440	70.59%
从不	40	1.96%
本题有效填写人次	2 040	

3. 城市化加强了城市外来务工人员的诚信意识

"诚信"就是诚实守信。孔子曰："自古皆有死，民无信不立。"孔子、孟子关于"诚信"的论述颇多，说明自古以来"诚信"就是为人最重要的品德之一。例如"大道之行也，天下为公，选贤任能，讲信修睦""诚者天之道也；思诚者人之道也""人而无信，不知其可也""与朋友交，言而有信"等等，这些经久不衰的经典论述成为中国传统文化的精髓，一直传唱至今，成为社会主义核心价值观的重要内容。社会主义核心价值观的 24 字基本内容中，公民个人层面的价值准则包括爱国、敬业、诚信、友善。诚信是为人的根本和一切道德的基石，是人之为人的最重要的品德，是维系社会运行的基本道德保障。诚信的品德普遍存在于一切社会和社会的方方面面，无论乡村还是城市。但是乡村社会是熟人社会，血缘和地缘关系是维系乡村社会的主要力量，而城市是陌生人社会，市民意识是维系城市社会的主要力量，市民意识的基础就是诚信意识，因此，乡村社会的诚信意识的重要性远不如城市社会那样明显和突出。

城市化更加强化了城市外来务工人员的诚信意识，他们背着行囊，告别亲人，背井离乡，从农村来到城市，大多数可以说是举目无亲。面对这个新奇而又陌生的新世界，他们靠什么立足、靠什么谋生呢？除了依靠辛勤的劳动，当然就是诚信的品德。他们大多数保留着纯朴诚信的本质，从而赢得了城市人的欢迎。女孩子走进城市家庭从事家政服务，担负起城市职业家庭买菜、做饭、带小孩、照顾老人、打扫家庭卫生等工作，几乎操持整个家庭事务，维持家庭的正常运转，如果没有诚信，何以想象？男孩子进入店铺，商品采购、日常营销、送货上门、催收货款等，无一不是跟金钱打交道，如果没有诚信，几乎寸步难行！如此种种，不一而足。调查情况显示，在关于"对待好朋友的态度"一项的答卷中，有 29.41% 的城市外来务工人员表示对朋友"掏心掏肺"，66.67% 的被调查对象表示"别人怎么对待我，我就怎么对待别人"，只有 3.92% 的被调查对象表示"除了家人，没有人是可以信任的"，没有被调查对象持"除了自己，都不可以信任"态度（表 2-7）。这个数据并非针对外来务工人员的诚信度，但从一个侧面反映出他们大多数是以诚信待人，别人对自己诚信，自己就对可信的人报以诚信，甚至有近 30% 的被调查对象对待朋友是十分坦诚，"掏心掏肺"的。

表2-7　外来务工人员调查（"对待好朋友的态度"）

选项	小计	比例	
掏心掏肺	600		29.41%
别人怎么对待我，我就怎么对待别人	1 360		66.67%
除了家人，没有人是可以信任的	80		3.92%
除了自己，都不可以信任	0		0%
本题有效填写人次	2 040		

　　诚然，事物总会有两面性，城市外来务工人员中也会有一小部分不讲诚信。比如：某医院以诚信为本，积极救治一名身患重病的城市外来务工人员，结果这位脱离生命危险但未痊愈的病人，欠下7 000多元的医药费，消失得无影无踪。又如：著名的民工律师周立太帮助数以千计的城市外来务工人员打赢了工伤官司，最后为了追讨1.5万元的律师费，不得不将一位城市外来务工人员告上法庭，因为当事人赢了官司、拿到钱后却拒绝支付律师费。[①] 还有的城市外来务工人员在城市干着制假贩假、坑蒙拐骗的勾当，兹不一一举例。这些关于城市外来务工人员不讲诚信的报道屡屡见诸报端，但毕竟只是少数。

　　4.城市化培养了城市外来务工人员的规范意识

　　"规"指尺规，"范"指模具。"规范"指对思维和行为的约束力量，即明文规定或约定俗成的标准。伦理也属于规范。孟子说："不以规矩，不能成方圆。"这句古语很好地诠释了规范意识的重要性。任何社会组织、社会形态都离不开规范，乡村有乡村的规范，城市有城市的规范。比较而言，乡村规范比较少，所以，乡民比较习惯自由散漫的生活，哪天工作，哪天休息，完全自由支配。日出而作，日落而息，春播秋收，这些都是比较松散的规范，远不如城市市民刷卡按指纹上班、排队上车、排队购票等规范严格。从某种意义上说，城市就是一个规范的集合体，没有规范就不能成为城市。城市的千万种规范对于城市外来务工人员而言，确实是巨大的考验和锤炼。在工作中，要按时作息，连上厕所都必须在规定的时间完成，否则，工厂车间的生产流水线就无法正常运转；在生活中，走路要走人行道，过街要走地下通道和斑马线，红灯停绿灯

---

① 董原，徐雪霞.农民工诚信公德意识及入城问题探析[J].兰州商学院学报，2009，25（4）：69-74.

行，不能随地吐痰，不能随地抽烟，等等。城市外来务工人员过去夏天一日三餐饭、两顿茶点，冬天"四日八餐"，如今从城市回到农村都养成了一日三餐准点不误的习惯。这就是城市规范意识的力量。

（二）城市化对城市外来务工人员社会公德观念的消极影响

马克思主义认为，事物都有正反两面，两者是矛盾的一体两面，相互对立，又相互依存。城市化对于城市外来务工人员而言，既有很多正面的影响，也有一些消极的影响。在公共道德生活领域，消极影响具体表现为：人际关系冷漠、不信任感加深、功利主义滋长、文化认同感缺失，等等。

1. 人际关系冷漠

如前所述，传统农业社会是一个熟人社会，血缘和地缘是传统乡村社会的联结纽带，乡里乡亲，沾亲带故，乡村聚落中的乡民邻里守望相助，互通有无，维持着一种简单而又温情脉脉的紧密关系，家庭、邻里、亲属等血缘和地缘关系在人们的生产生活中发挥着重要作用，人际关系和谐而温馨。相反，现代城市社会虽然也充斥着各种各样的熟人和关系圈子，但整体而言，它是一个陌生人社会。城市社会给城市外来务工人员带来的是一种全新的生产生活方式和人际互动模式，体现出与传统乡村社会村庄聚落人际关系完全不一样的特殊性。首先，城市化进程带来外来务工人员沟通障碍。城市社会生活节奏加快，时间观念强，社会分工细，外来务工人员不可能有大量时间与别人串门互访，只能有事相帮，无事则各行其是。缺少了当面的寒暄、贴心的交流，人际关系逐渐生疏淡漠，人与人沟通出现障碍。① 其次，沟通方式虚拟化。社会发展是如此之快，手机和网络普及了，人们的交流和沟通变得越来越快捷了，然而，这种交流所面对的却不是热情的面孔，而是冰冷的机器，表面看似乎人际交流的渠道更多了，实际上人际交往的人情味却越来越淡了，每到过年过节，人们忙于收发短信，但逐渐地，人们觉得那群发的信息没什么意思，缺少了人际交流最重要的真诚。

人际关系的淡漠，除了上述的生活节奏快、交流时间少原因以外，

---

① 罗荣渠 . 现代化新论：世界与中国的现代化进程 [M]. 北京：北京大学出版社，1993：126.

还和城市鸟笼似的住房结构有关，邻里之间相隔一道墙，却往往是老死不相往来，外来务工人员也住在公寓楼里，而公寓楼不像乡村聚落和过去的四合院一样具备天然的交际条件。更可怕的是，人与人的关系不再像以前那么简单纯朴，而往往带有明显的功利色彩。不少城市外来务工人员奉行"只交有用的朋友，不交没用的朋友"的原则，对"我"有用的人就认得，对"我"没用的人我就不认识或者装不认识，很少有关心别人的举动，因为害怕上当受骗，也很少光顾社交娱乐场所。从调查情况来看，只有5.88%的被调查对象表示经常去酒吧、迪吧等娱乐场所，只有11.76%的被调查对象表示经常去健身房、公园之类的健身场所，而分别有41.18%和70.59%的被调查对象表示只是偶尔去上述公共娱乐、健身场所，分别有52.94%和17.65%的被调查对象表示从不光顾上述公共娱乐、健身场所（表2-8、表2-9）。久而久之，城市外来务工人员逐渐变得冷漠起来，对亲人、对他人、对社会、对自然环境、对公共事务、对政治等不影响自己的直接利益的人和事采取不参与和不关心的冷漠态度。

表2-8　外来务工人员调查（"是否会去酒吧、迪吧等娱乐场所"）

选项	小计	比例
经常去	120	5.88%
偶尔去	840	41.18%
从不去	1 080	52.94%
本题有效填写人次	2 040	

表2-9　外来务工人员调查（"是否会去健身房、公园之类的健身场所"）

选项	小计	比例
经常去	240	11.76%
偶尔去	1 440	70.59%
从不去	360	17.65%
本题有效填写人次	2 040	

2. 不信任感加深

城市外来务工人员是城市的特殊一族，一方面他们在城市中失去了原有的交际圈，加上城市缺少对他们的正常管理、帮助机制，他们来到陌生的城市里也纯粹是为了生存，因此时时刻刻处处感到孤立失助，办任何事情都必须"求爷爷告奶奶"地求人帮忙，而且往往求助无门；另一方面他们在城市中，没有强势的话语权，也没有占领道德制高点，他们经常受到不公正待遇，却投诉无门。城市社区一旦发生偷盗等案件，人们往往首先将城市外来务工人员列为怀疑对象。事实上，众多的城市外来务工人员在城市享受不到正常市民的教育、住房、医疗、社会保障等福利待遇，甚至连城市户口都拿不到，办事比城市市民更困难。城市外来务工人员由乡镇到县城、由县城到市、由市到大城市等这种转变导致人与人之间十分陌生，人们之间没有血缘、地缘和业缘等关系，成为孤立无助的个体。他们是城市里的陌生人，是城市化进程中的独特产物。他们不仅缺乏交流互动，而且孤立无助，所以，对社会公德的认同淡化，对城市的不信任感加深。

3. 功利主义滋长

追求利益是正常的，中国传统文化并不反对追求正当的利益。孔子就不反对人们追求物质利益，他说："富与贵，是人之所欲也……；贫与贱，是人之所恶也"；"富而可求也，虽执鞭之士，吾亦为之"。但是，这里所追求的利益是指正当的利益，所以孔子又说"富与贵，是人之所欲也"，但是，"不以其道得之，不处也"。城市外来务工人员离开乡村熟人社会，来到陌生的城市，举目无亲。这种陌生感往往使他们的行为顿时摆脱了道德的约束。有时为了生活，为了达到自己的某种目的，获取某种利益，他们会牺牲他人的利益，因为对环境的陌生感，他们不再有道德意识的内疚感。每个城市外来务工人员都可能为了自己的利益而无视他人的利益和社会的困境，陌生人会变为他们的一个屏障，在这种思想的推动下，其功利心态会不断蔓延。传统道德失效，利益成为某些城市外来务工人员唯一的道德判断标准，并引导其"无利不起早""唯利是图"，而他们不再会产生焦虑和不安的道德感受。特别是在计划经济向市场经济转轨之际，旧的道德体系被打破，新的道德规范尚未确立，公共道德建设领域出现真空期。市场经济所推崇的利益最大化的价值观对生产力的发展无疑具有极大的推动作用，但同时催生了人们的功利主义价值观，导致人们一心为了自我，拜倒在金钱和权力的脚下。在这一思潮的影响下，城市外来务工人员开始对经济敏感起来，人与人之间的关系，更多的成为一种金钱和利益的关系。在高等学校，文学、哲学、历史学、社会学、数学、生物学等众多基础理论专业遭到家长和学生的抛弃，实用主义、功利主义成为普遍时尚，经济类、工程类专业受到热捧，大学的人文教育课程逐渐淡出讲台。在这种大背景下，社会公共道德建设流于口号与形式，苍白无力，城市外来务工人员极少能够定期接受公共道德教育，甚至连社团活动也极少参加。[①]各种社会思潮交汇碰撞，加上经济体制转型时期矛盾的冲突，人们的思想和价值观出现彷徨和迷乱，城市外来务工人员自然也不能例外，他们鄙视道德建设和道德教育，信奉"有钱能使鬼推磨"的功利主义思想。从对"如何评价拜金主义"这一问题的调查情况来看，有 25.49% 的被调查对象表示这种现象"很正常"，有 68.63% 的被调查对象表示"正常，但自己不是"，只有 5.88% 的被调查对象表示"无法接受"（表 2-10）。可见拜金主义、功利主义在城市外来务工人员中相当普遍。

表2-10　外来务工人员调查（"如何评价拜金主义"）

选项	小计	比例	
很正常	520		25.49%
正常，但自己不是	1 400		68.63%
无法接受	120		5.88%
本题有效填写人次	2 040		

　　城市化进程与公共道德教育已然严重脱节，功利主义与私心杂念像病毒一样在市民的头脑中滋生蔓延，社会公德意识日渐弱化。城市外来务工人员从不同的地方来到同一个城市，虽然共同生活在这个城市，但却被分割成陌生的个体。他们虽然在生活上彼此依赖，工作上相互协作，彼此之间的空间距离很小，但心理距离很遥远，而且彼此之间的这种心理隔膜反过来进一步强化人与人之间的不信任感。在城市社会，城市外来务工人员流动性强，彼此之间的陌生程度也更明显、更突出，他们时刻提防着别人，关注着自己的利益，相信"只有永远的利益，没有永远的朋友！"他们不关心社会的公共利益，只关注自己的个人利益。

---

① 戴景平，张红英.西方终极道德价值的演变轨迹 [J].内蒙古民族大学学报（社会科学版），2008（2）：67-69.

4. 文化认同感缺失

在城市的现代化进程中，文化认同危机和城市记忆的丧失，是一个问题的两个方面。城市记忆是一种历史记忆、社会记忆和集体记忆，更是一种文化记忆。城市记忆中的一种自我主体意识即文化认同，城市文化的自我同一性是文化认同感的根源。对城市人而言，城市就是他们的共同文化家园，城市里的老房老街、一草一木、小吃吆喝等，都是他们的共同记忆。然而，城市是一个开放的空间，对于城市外来务工人员来说，城市不是他们的家园，不是他们的记忆，不是他们的文化认同。城市外来务工人员心中的文化记忆是上山打猎、下河摸虾、鸡鸣狗吠、扶犁赶羊，是儿女绕膝，是老父亲的旱烟枪，是老母亲的针线活和唠叨，等等。中国传统文化就是建立在这种乡村文明的基础之上的，其内涵包括安土重迁、父慈子孝、兄友弟恭、夫唱妇随、邻里敦睦等，因为传统社会最基本的关系是人际关系，人和自然、人和社会不发生冲突，而人际关系中，最重要、最基本的关系是家庭关系，家庭是社会稳定的基础。《大学》云："家齐而后国治，国治而后天下平。"进入现代城市社会，社会关系复杂了，人和人、人和社会、人和自然、人和自身等，都面临着矛盾甚至冲突，迫切需要现代公共道德文化的调和。如果说城市是一个文化共同体，那么，城市外来务工人员就完全是外来者、闯入者，他们对现代城市文化没有认同感，面临着文化认同的危机。他们唯一认同的是家庭道德观念，知道夫妻恩爱、父慈子孝、兄弟和睦、邻里关心等，但如今他们却要背井离乡，告别父母妻儿邻里，离开家庭，来到城市打工。他们不懂得怎样融入城市社会，处理好与城市社会的关系；不懂得怎么对待陌生人，对陌生人心存戒备和抗拒；不懂得尊重自然，爱护环境；不懂得处理工作与自身发展的关系；等等。城市外来务工人员在文化上很难对城市有认同感，而城市对外来务工人员也存在排斥，即便是为城市的发展、稳定、繁荣做出巨大贡献的城市外来务工人员，城市同样在排斥他们，他们不能享受城市住房、医疗、子女教育、养老保险等市民社会福利，他们依旧是乡里人，是城市中的"二等公民"。他们是现代城市文明的流浪儿！城市外来务工人员对城市缺乏文化认同！

三、城市化进程中社会公德观念嬗变的表现及评价

如前所述，城市化进程中最大的变化不是城市本身的扩张，而是城市公共生活空间的扩大，以及由此导致的城市公共道德观念的嬗变。这种嬗变体现在城市公共生活的方方面面，有积极的嬗变，如公共意识、服务意识、诚信意识、规范意识的加强等，也有消极的嬗变，如人际关系冷漠、功利主义滋长、不信任感加深、文化认同感缺失等。从宏观来看，这种嬗变表现为以下三个方面。

（一）城市更开放，道德建设环境更复杂

城市化进程的不断推进，带来了各种文化的交流与碰撞，同时导致城市外来务工人员道德建设的环境更加复杂，很多可预知和不可预知的问题随时都可以对城市外来务工人员的基本道德产生影响。从大多数专家对"城市"概念的理解来看，城市不仅仅是一个实体的存在，更是包含了各种精神与习俗，这些习俗都是可以随着时间的流逝而传承的。当前由于城市化的不断推进，各种文化不断冲击着这一固有的文化体系，城市外来务工人员的道德认识更加复杂化，主要表现在：一是西方文化的引进直接对城市外来务工人员的道德价值观产生影响。传统的道德观念在发生更替，城市是经济发展的重心，更是文化交融的主要阵地，西方个人主义文化的传扬必然会对城市外来务工人员的道德观念产生影响，功利主义、现实主义、享乐主义时刻考验着我国传统的价值体系。二是对传统义利观的认同模糊，西方文化的侵蚀很大程度上混淆了义、利的关系，很多城市外来务工人员由于自身受教育程度的限制，很容易产生极端的个人主义价值观。目前我们国家正在大力发展市场经济，市场经济鼓励利益最大化，在市场经济环境下，"原则的坚定性"将更多地为"经济的灵活性"所代替。三是新生代农民工进入城市对城市的好奇心比较强烈，同时各种诱惑导致他们容易产生对物质的无限追逐，进而形成腐朽堕落的人生观。他们追求过度的消费，相互攀比，崇尚奢侈品。虽然说生产是为了消费，消费促进生产，社会的进步鼓励消费，为了进一步发展生产，促进就业，政府甚至要采取鼓励措施促进消费，但是，过度追求享乐，爱慕虚荣，是

不正当的消费心理。人的欲望非常容易膨胀，一旦人们的价值观念发生变化，道德原则和底线就有可能被突破。[①]"过把瘾就死""给我感觉"这种观念如果不加以正确引导，必然给城市外来务工人员带来极大的道德破坏，从而使他们正常的人格发生扭曲，为了物质的利益而不择手段，对社会造成危害。一些人由此而滋生贪图享受和"金钱万能"的思想，艰苦奋斗、勤俭节约的观念逐渐淡化。这种复杂的环境给城市外来务工人员的道德建设带来巨大的影响。

（二）道德认识与道德行为之间反差较大

虽然城市化进程的不断推进使公民的教育环境得到改善、教育质量得到提高，也使人们的道德观念发生了很大的变化，但是系统考察城市居民道德认识与道德行为的现状发现，人们的道德认识和道德现状还是存在一定差距的。比如，很多城市外来务工人员有着强烈的爱国情怀，但是作为城市的一员又缺乏对自己作为城市主人的角色认识；有对真善美的正确认识，往往自己又不能按照真善美的标准去做；想去建立一个和谐、文明的城市，而自身又没有严格地去遵守规章制度；想为这个城市的发展贡献自己的力量，但是又没有明确的目标，缺乏实干精神；整天都在倡导诚实守信，而在遇到利益攸关的问题时又会心口不一。对基本的社会公德有着清醒的认识，也会时刻提醒自己维护社会公德，但是在公共场所乱扔、乱倒、乱张贴等破坏社会公德现象屡见不鲜；每天都会为自己树立学习的典范，更加推崇典范人物的精神，但是每当体现在自身行动上，涉及自身利益时，总会对人不对事，或做一些违心的事情，导致道德操行大打折扣；处理个人、集体与他人的关系时，认同要服从集体的利益，但是往往在现实生活中会将自己无限放大，将集体与他人排除在外；认同君子爱财取之有道的价值观念，但是在遇到具体利益时，很容易做出忘恩负义的事情；赞同兼顾国家、集体、个人三者利益，而又强调把社会对个人的回报作为价值取向的条件；等等。按马克思主义伦理学的观点，一个人道德品质的养成必须是借助特定的物质与社会环

---

① 罗荣渠.现代化新论：世界与中国的现代化进程[M].北京：北京大学出版社，1993：126.

境，必须依赖社会实践以及人格的不断提升。[1] 也就是说，一个人道德水平的高低主要取决于两个方面：一是社会环境和物质条件，这是决定其道德水平高低的首要因素；二是人们自身的道德修养和道德认识。城市化进程中，必须加强对城市外来务工人员的伦理引导，并建立相应的考评机制，切实提高其综合道德素质，为顺利推进城市化进程贡献力量。

（三）道德主体素质更加参差不齐

当代中国城市的现代化进程无论是在数量还是质量方面都得到了快速发展，这就使得我国城市原有的城市结构发生了巨大变化，但这种变化带来的居民公共道德素养整体不是很高，社会公德建设的难度越来越大。大都市是我国市场经济中人力、物资、信息等资源主要集中分散的地方，显示一个城市的发展水平的一个非常重要的指标就是城市版图扩大和城市人口的发展，通常主要是以非农业人口的比例来衡量的。社会越进步，也就会越开放，人与人之间的交流也会越来越多，人口就会更加集中，这将会使得城市主体更加复杂。首先，老市民的素质也面临着更大的挑战。"老市民"主要指土生土长的城市非农业人口。他们由于可能存在着思想方面的滞后，没来得及跟上当今城市化的发展步伐，他们的生活习惯依旧保持同往年一样，还有可能产生一种排外的心理，他们的社会公德素质有待进一步的提升。"新市民"社会公德素养有待一步加强。例如：城市化必然伴随着大量农村人口向城市的集聚，随之而来的是城市人口的急剧增加，从而影响到市民的公德意识。一方面，城市和农村无论是在物质环境方面，还是社会环境方面都有着极为明显的反差。城市外来务工人员是从农村来的，他们适应了乡村的生活环境，带有乡村长期淀积而形成的传统乡土文化，其中也包括乡村公共意识，要他们在短时间内适应这种反差是困难的，从农村来到城市，他们产生了思想观念、生活方式、文化及心理上的矛盾冲突，于是他们将许多乡村观念、乡村文化和乡村生活方式带到城市。例如：他们习惯使用煤炭炉和柴火灶，却不适应加入公共煤气网；他们把在城市已几乎没有用处的锄头、钉耙等农具塞满楼梯；他们想尽办法把公共的花坛、草地开垦成自家的

---

[1] 《公民道德修养手册》编写组．公民道德修养手册 [M]．北京：红旗出版社，2001：146．

蔬菜地，严重影响市容市貌，成为城市公共道德建设的短板。另一方面，大量的农村人口转变为城市人口，他们从静谧的乡村来到喧嚣的城市，从悠闲的生活过渡到激烈的竞争生活。由于自身的弱点，城市外来务工人员在城市残酷的丛林游戏式的竞争中处于明显不利的地位，做苦力、低收入和失业常与他们相伴。在这种情况下，他们为生存而奔走，公德意识的淡化是必然。由于我国近年来城市化速度的加快，许多从事农业生产活动的农民将会离开他们的家园，涌进城市，他们改变了城市的面貌，改善了城市人的生活，他们带来的简朴、省吃俭用、不怕吃苦的精神给城市增添了清新风气，[①] 但是，他们也给城市带来了一些不良的行为习惯。不管是城市老市民还是城市外来务工人员，两个不同生活和文化背景的人群组合在一起，自然会有道德观念冲突的问题，且通过公共领域道德观念表现出来，这些道德问题势必会为城市的发展带来消极影响，加大城市公共道德建设的难度。

第二节　城市化进程中社会公德建设的原则、目标和伦理引导

城市化与城市公共道德观念的嬗变是相伴而来的，城市化必将带来城市公共生活领域道德观念的嬗变，道德观念嬗变反过来又必将影响城市化的进程。因此，在大力推动城市化发展之时，我们决不可放松道德建设。

一、城市化进程中社会公德建设应坚持的原则

（一）合理性原则

道德规范的合理性必须有定性的评价指标，其合理性的生成必须要通过合理的途径。如果一种道德规范自身是合理的，就必须要受到一种普遍性规则的指导。针对普遍性原则的认识，康德认为，既然一种规则是普遍的，那么就必须具有普适性，不论时间，不论对象，都适用。比

---

① 范英.社会公德概论 [M].深圳：海天出版社，1991：102.

如，如果"可以说谎"这一行为被认为具有普适性价值，那么就可以理解为，任何人都可以说谎。如此，整个社会就失去了人与人之间的基本信任，进而导致社会混乱。根据这一逻辑推理，"可以说谎"这个命题就不可能具有普适性，也就不能成为道德规范。继康德的普遍性原则之后，哈贝马斯的商谈伦理学对这一理论进行了深化。哈贝马斯主张，一种规则是否普遍化，可以通过大家的对话来实现，但是必须要满足一定的条件，而这种条件是大家都认同的规范，在这种规范下兼顾各种人的利益。从这里看出，一种道德规范的形成不能成为某个人或者某个组织的利益表达，而应该成为整个民众团体的意志的价值诉求。[①] 道德规范的合理性是人性道德起源的一个基础条件，道德是否具有人性，其最主要的体现就是道德规范。从人的本性及欲望特征来看，欲望属性一般指其恶的方面，这种欲望如果不加以限制，就必然会对社会产生不利影响。因此道德规范的合理性主要集中在对人的欲望的限制。当然，限制人的欲望不等于禁欲，过分地遏制人的欲望，不利于社会的发展和人们追求上进，但过分地放纵欲望，只会导致人性的沉沦。另外，道德规范的合理性还应该体现在人们的生活方式以及生活态度方面，任何道德规范的建立其基本的出发点都是为了让人们更好地生活，它如果不能够得到人们的信赖，就必然会失去为人们更好生活服务的能力，道德规范就会失去自身的生命力，当然就没有合理性。但是从另一层面来讲，道德规范还必须具有一定的权威性，在某个范围内强制人们去遵守。

所谓规范的权威性，是指规范本身所具有的威严性以及它对于人的行为的实际支配性。权威性和其对人的支配能力是呈正相关的，越是人们都普遍遵守的道德规范，其权威性越高，反之，如果一个道德规范的权威性比较小，那么它对人们道德规范的约束力也就越弱。当然，如果一种道德规范没有权威性，那么也就不存在支配人的行为。

道德规范的权威性同样需要一定的生成条件，合理性是其权威性的基本前提，只有当这一道德规范的存在以合理性为前提，只有当其内容反映了客观规律的要求或至少不与这种要求相冲突时，这种规范才称得上是合理的规范。道德规范的合理性是道德规范的权威性赖以形成的内

① 刘书林.《思想道德修养与法律基础》教师参考书 [M].北京：高等教育出版社，2006：144.

在条件，也是道德规范由外在的权威转化为个体心灵内在的自觉的必要条件。美国哲学家西格尔曾对公民合理的道德行为进行了论述，他认为合理的道德行为不仅是公民在行动中不去损害别人的利益，更要保证行动本身具有合理性，而行动的结果也必须是合理的。[①] 这就是说，如果一个实践具备道德的合理性，那么由此建立起来的实践认识和实践理念是合理的，以及在此过程中运用的手段、工具也具有合理性，当然实践结果也必须是合理的。因此，判定一个公民在一个实践过程中的道德活动是否具有合理性，那么就必须通过各个方面的努力，将其作为一个系统的工程进行考量。针对当前我国城市化过程中城市外来务工人员的道德规范及合理性现状，系统地改革我们的制度体制，全方位地宣传我国的传统道德理念，使公民的道德实践遵守我国市场经济体制下的价值诉求，为公民的道德实践提供一个良好的体制环境。

（二）正义性原则

任何真正意义上的正义都必须以对社会发展的客观规律的遵循为前提，正义性必须表现为在一定历史条件下能够促进人的全面发展，这样，道德规范才是正义的。据此，在城市化过程中，道德规范的实施或者引导，必须以人的全面发展为前提。适合历史发展的基本规律成为判定公民道德正义的主要标准。人作为一种社会的主体，其自身的规定性很大程度上就是社会性的体现。人是社会的动物，这是对人具有社会性的根本认识，对于人的社会性的分析可以从两个方面进行理解：一方面要求我们对人这一主体的认识必须是具体的，而不是抽象的，对人的属性的考察必须放在社会的各种关系之中。另一方面，就是要考察人的动物性，这种动物性必须和社会相联系，因为如果一个人从出生就与世隔绝，那么即便他天生就具有发展成真正人的秉性，他也仅仅是具有人貌特征的动物。没有社会文化的熏陶，他就失去了真正社会人的素质。

社会是实现人之发展的最终平台，人的能动性的发展，不可能超越社会的规定性，人的全面发展也只是更好地适应社会，不可能超越社会对人的需求。因为人和自然界的其他动物一样，只有在自然界中去顺应自然，自然才会赋予人生存所需要的能力，其本能或者后天获得的能力

---

① 西格尔.评劳丹的规范自然主义[J].哲学译丛，1992（1）：25-33.

不可能超越自然的范围。同样，人在社会，相当于动物在自然之中，人的能力要依附于社会而存在，人与社会是相互联系的，构成一个辩证统一的整体，每个人都可以自由选择人生道路，但是绝不能脱离社会的制约。随着城市化的不断发展，人的社会性越来越明显。① 马克思明确提出："人的本质不是单个人所固有的抽象物，在其现实性上，它是一切社会关系的总和。"② 不同的人由于在社会中所处的社会地位、经济基础不同，会对世界观、人生观、价值观产生不同的理解，同时会对社会中广泛存在的道德规范产生不同理解。物质决定意识，整个人类社会都是建立在一定的物质基础上的，生产力的高低直接制约着人们的生活方式、思想意识、道德价值等。③ 人们为了获得一定的物质利益而走到一起，存在于一定的关系之中，这也是社会人形成的原始动因。然而道德规范的产生就是直接伴随着人们在处理各种关系的过程中，由于人们自行确定的一些规则，而慢慢积累起来的。恩格斯指出：人们自觉或不自觉地、归根结底总是从他们阶级地位所依据的实际关系中——从他们进行生产和交换的经济关系中，吸取自己的道德观念。④ 社会性道德和个体道德的转化是道德观念已存在的前提，只有社会道德观念真正内化为个体道德观念，它才是一种真正的现实道德。个人是否社会化是决定个人是否具有道德的基本前提，因为人的社会性存在是以人的社会化为前提的，而道德的存在必须是以社会存在为根本的。道德是社会中的一种准则，是为规范人的行为的。人的生存是其社会化存在的前提，在社会化之前人必须学会必要的生存技能，还要了解这一社会化过程中的各种规范、准则，包括道德等。在这种社会化的过程中，每个人一方面发展着自己的社会性，以便被社会接受、容纳，另一方面就是形成自己的个性，以突显自己的独特性。但是无论人的社会化发展到什么程度，道德是人在社会生活中安身立命的必要条件。由此可以看出，道德成为人们社会生活

① 梁启超.梁启超文选[M].上海：上海远东出版社，1995：47.

② 马克思，恩格斯.马克思恩格斯选集：第1卷[M].中共中央马克思恩格斯列宁斯大林著作编译局，译.北京：人民出版社，1972：56.

③ 马克思，恩格斯.马克思恩格斯选集：第2卷[M].中共中央马克思恩格斯列宁斯大林著作编译局，译.北京：人民出版社，1972：82.

④ 马克思，恩格斯.马克思恩格斯选集：第3卷[M].中共中央马克思恩格斯列宁斯大林著作编译局，译.北京：人民出版社，1995：34.

中的一种必须，它可以被违反，但是没有人可以逃避。道德作为上层建筑，虽然是由经济基础决定的，但是它同样会制约生产力和生产关系，虽然它可能不会对生产力造成非常大的影响，但是正义的道德绝对是维护生产力和生产关系的必要保障。

人的存在既具有社会性，也具有个体性，这在很大程度上决定了个人的需要与集体需要的矛盾性，有效地协调两者的关系成为每个历史时期的价值诉求。当个体在创造"自己的历史"时，都遵循着"力的平行四边形"① 的法则，这就要求正确处理人与人、个人与人群之间的关系，维持一种恰当的结合方式。个体的人要学习在适当的时候认清自身与人群的关系，从而摒弃自身利益的偶然性，实现与社会利益的一致性，亦即实现社会正义。生产力水平的极大发展，导致产业结构从自然经济过渡到了市场经济，这在很大程度上使道德发生了巨大调整，城市化进程中，自由、平等、公平、独立、创新、进取等都是与城市和市场经济相匹配的伦理精神和品格。因此，现代意义上的道德规范是由现代化的历史进程和市场经济的发展状况来决定和推动的，只有在现代社会中形成一种普遍化的，被公民普遍认同的，且符合市场经济发展内在规律的道德规范才是合乎社会正义的。

（三）可操作性原则

任何道德都是生产实践的产物，离开了生产生活实践的道德就是空洞的说教，毫无生命力。因此，公德建设必须符合社会实践的要求，具有可操作性。可操作性在这里主要是指公民道德建设在途径上具有可行性以及公民道德规范在内容上具有可接受性。公德建设的实效性与公德建设的可操作性并行不悖，在城市化进程中主要取决于以下两个因素：第一，社会公德规范的具体化；第二，道德建设的途径的可行性。道德原则本身是抽象的，因此，在公共道德建设中要把抽象性的道德原则具体落实到公民的道德实践中，才可能体会到道德原则的指导精神，从而让公民有意识地履行社会公德规范。社会主义核心价值观是明确而具体的道德规范，指导人们什么事情该做，什么事情不该做，什么做法值得

① 马克思，恩格斯.马克思恩格斯选集：第4卷[M].中共中央马克思恩格斯列宁斯大林著作编译局，译.北京：人民出版社，1995：697.

提倡，什么行为必须摒弃，这些道德规范与每个人的日常生产生活息息相关，因此，这是具体化的抽象道德原则的集中体现，具有可操作性。将社会公德规范在操作层面上具体化、规范化，还必须注意它们之间的层次性。正因为社会公德规范是面向社会上的所有公民，包括不同行业、不同类型、不同道德修养的人群，因此，社会公德的规范性不可能是泛化而简单的，必须还要针对不同群体的特征采取不同的手段和方法[①]。

　　为社会公德建设提供量化标准来制定社会公德素质评价体系，是可操作性较强的捷径之一。经济学中有一个著名的"公地悲剧"理论，它假定每个个体都是自私而又理性的，大家都希望在公地上获得最大的利益，而自己在公地上的投入又最少，长此以往，公地得不到有效的维护，最后，每个个体从公地上获得的利益不但没有增加，反而越来越少，到最后大家任何利益都得不到了。从这个意义上说，社会公德建设其实也是一块道德公地，这块道德公地需要每个公民去维护。现实生活中，为了一己之私，一些人不惜牺牲社会公共利益和他人的利益，在当代中国快速城市化进程中，这种道德失范的现象日益凸显，从而导致"公地悲剧"在公共道德领域中不断上演。一般来说，解决这一道德困境的方法有两种：一是借助外部力量和较高层次的力量加强对公共道德公地的管理；二是以制度来约束人们的道德行为。可以看出，这两种方法各有利弊，前者短期效益明显，但最大的问题是谁来监督公地的管理者，这种具备外在权威的公地管理者极有可能继续上演"公地悲剧"；后者在于制度本身就难以制定，因为制度由谁制定、怎么制定、怎么判别制度的科学性和合理性是难以确定的，而且虽说这种效果是渐进的，但毕竟需要一个长期的发展和完善的过程。在公共道德建设领域，可以借鉴经济学上的"公地悲剧"理论，结合上述两种解决方法的长处，由权威部门组织有经验的专家学者开展深入研究，听取广大公民的意见，借鉴一些可行的经验来制定一套逻辑上合理、实践中可行的公共道德规范，从而尽可能地避免或减少道德领域的"公地悲剧"上演。社会主义核心价值观经过多年的讨论，最后明确其具体标准为"富强、民主、文明、和谐，自由、平等、公正、法治，爱国、敬业、诚信、友善"12个词24个字，从国家、社会、个人三个层面具体化，可操作性强，为公共道德建设树

① 张建东，陆江兵.公共组织学[M].北京：高等教育出版社，2003：151.

立了一个典型样本。当然，有了有可操作性的公共道德规范，还必须有道德评价体系和道德监督体系，并且要有法制建设和体制改革作保障，否则，道德规范就只是说教，只会培养一批假道德之名，行不道德之实的伪"道士"，这是有前车之鉴的。当今社会最大的危机是道德的危机，因此急需重建一套具有普适性、可操作性的价值体系，建立全社会的信用体系，如每个公民建立信用档案，公民信用公开可查。

二、城市化进程中外来务工人员社会公德建设的目标

社会公德是指关系到民族、国家以至整个社会的道德行为，是社会成员在社会实践过程中逐步形成的，需要共同遵守的基本道德规范。社会公德建设的总体目标是社会主义核心价值观。在这个总的目标之下，有关社会公德的一般性要求很多，如爱护公共设施、爱护公共环境卫生、不在公共场所大声喧哗、不破坏花草树木、不随地吐痰、助人为乐、不闯红灯、待人文明礼貌等等。这些具体的公共道德建设目标涉及人与人、人与自然、人与社会、人与自身的关系四个层面[①]。

（一）构建和谐的人际关系，提高城市外来务工人员的人文素养

人与人的关系是城市化进程中构建和谐社会公德的核心。在人际交往中，如何处理好人们交往与联系的各方面关系，对社会公共生活会产生一定的影响，在这方面最起码的道德要求有两点：一是以人道主义为基本内容的社会公德，即要有爱心、助人为乐、尊老爱幼；二是以善良和真诚为基本内容的个人修养，即要文明礼貌、相互尊重、诚实守信。在城市化进程中构建和谐社会公德，对人与人的关系提出了很多新的要求，更加关注人的尊严、人的生命、人的思想道德水平、人本身等，所以，关于人的认识应向更深层次发展，应该给城市外来务工人员以更多的人文关怀。

构建和谐的人际关系，首先要懂得尊重人，树立平等的观念。每个人都是组成社会的一个分子，其生命权、人格权、健康权等都应该是平

---

① 罗尔斯.正义论[M].谢延光，译.上海：上海译文出版社，1991：3-5，292.

等的。平等观念树立以后，才能在人与人的交往中真正做到尊重他人。构建和谐社会，进行社会公德建设，应该更加突出地培养城市外来务工人员的平等精神，并把这种观念内化为道德自觉。中国传统文化特别强调人与人之间的关系，本质上说，中国的文化就是一种"和"文化，儒家用一个"仁"字概括这种和谐的人际关系。"仁者爱人"，人和人之间要互相关爱，其具体标准是"己所不欲，勿施于人""己欲立而立人，己欲达而达人"。

构建和谐的人际关系，其次要做到宽以待人，并且救人于危难之中，尤其是在别人需要帮助的时候能及时伸出援手。人们应该怀有悲悯之心，去关心、爱护、帮助身边的每一个人，因为人如果离开社会这个大家庭是很难发展和生存的。

构建和谐的人际关系，最后要加强对城市外来务工人员的人文关怀。生命权是每个人的基本权利，生命不能用普通的价值观念来衡量。康德说过，一个有道德的人不仅要尊重自己的生命，更要尊重他人的生命。"老人跌倒了要不要扶？"这根本不是伦理学的理论问题，而是人的道德底线要不要坚守的问题。"小悦悦"事件的发生，让人类的道德底线再次受到拷问。"生命本是一切福利的总和"，"生命本身就是幸福"，[①] 人要活着是不需要理由的。费尔巴哈也曾说过，爱护生命、尊重生命是公共活动的最高规范和要求，这就体现了社会公德的人文关怀。

（二）构建人与自然的和谐关系，培养城市外来务工人员的环保意识

人类只有一个地球，地球上的资源是有限的，自然环境的状况不仅涉及每个人的利益，而且事关千秋万代的幸福。所以，爱护自然环境，保护生态平衡，强化人与自然和谐共生的意识，树立环境保护的道德观念，就成为每个城市外来务工人员应承担的社会责任。目前适合人类居住的星球只有一个，每一个城市外来务工人员都应该统筹人与自然的和谐发展，应该注重对自然的保护，不要一味盲目地向自然索取，这不仅是构建和谐社会的要求，实际也是在保护人类自己。

---

① 费尔巴哈.费尔巴哈哲学著作选集：下卷 [M].荣震华，王太庆，刘磊，译.北京：生活·读书·新知三联书店，1962：775.

统筹人与自然和谐发展，要在城市外来务工人员中树立环保意识。保护环境成为一种文明行为，人类对文明的认识，从物质文明到精神文明，再到政治文明、环境文明，证明环境保护意识是最为重要而又最容易被忽视的。环保意识不可能自动或自发地产生，要靠教育，采取适当的措施，通过潜移默化的形式，使之成为一项卓有成效的工作，使每一个城市外来务工人员都能用自己的行动自觉地保护生态环境不受污染和破坏。因此，要加强对城市外来务工人员环保意识的引导，使其积极为环境保护做出贡献，构建人与自然的和谐关系。

（三）实现人与社会的和谐，引导城市外来务工人员的规则意识

城市化使城市的公共空间不断扩大，在人们的社会生活中有许多公共场所，如公园、体育场馆、医院等。在这些公共场所中，一是要遵守以集体主义为基本内容的社会公德，强化集体意识和公民意识，把自己作为集体或社会中的普通一员，自觉遵守公共秩序和纪律，爱护社会财物和公共设施；二是要培养以团结互助为基本内容的品质，关心他人，见义勇为，热心公益事业。这对每一个公民来说都是至关重要的，是对人们最基本的公共道德要求。为了维持人与社会的和谐相处，保障社会的有序运行，人们制定了一系列的行为规范，即公共道德规范，城市外来务工人员要有遵纪守法的意识和规则意识，规范自己的行为。①

实现人与社会的和谐，首先社会公共道德的规范要切实可行，贴近现实生活，即具有可操作性。只有这样，人们才能把道德规范内化为道德自觉，在实践中自觉遵守。人与社会关系的道德规范还要有层次性，总的道德规范在不同的场景下要有不同的具体要求，否则就不具有可操作性，就会成为空洞的道德说教，成为一纸空文。

实现人与社会的和谐，其次要做到遵纪守法，树立爱护公物的意识。按照"公地悲剧"理论，每个个体要为公地付出适当的投入，去维护公地的正常运行，要树立爱护公物就是爱护自己的家园的观念，因为只有公地正常运行，每个个体才能享受公地的福利。

实现人与社会的和谐，最重要的一点就是要提高城市外来务工人员

---

① 林毓生.中国传统的创造性转化[M].北京：生活·读书·新知三联书店，1988：63.

的规则意识。规则本身是为了防止利益冲突和错误行为而制定的，为了使人们能够有效地处于和谐状态之中，使人们在实际的具体操作行为中能够到有章可循。构建和谐社会的必要条件是提高城市外来务工人员有关社会公德的规则意识，只有具备了较高的规则意识，人们才会去逐步转化自身的道德修养，遵守规则，人与社会才会和谐。

（四）实现人与自身的和谐，保障城市外来务工人员的健康发展

构建和谐社会除了要处理好上述人与人、人与自然、人与社会的关系之外，还要处理好人与自身的关系，并且，这是最基本的关系。人与自身的和谐包括生理与心理两方面。个体只有妥善处理了人与自身的关系问题，才有可能去思考和处理人与人、人与自然、人与社会的关系，如果不能处理好人与自身的关系，其他关系都是空谈。

从生理方面来说，人的身体是一个无比复杂的庞大组织系统。人只有保持自身生理系统的和谐发展，保证身体各脏器功能的良好运行，才能思考和参与各项社会活动，任何一个环节出现故障都将妨碍人的和谐发展。从这个方面来说，人处理好与自身的和谐关系，本身就是构建和谐社会的一个微观样本。现实生活中，很多人有理想，有抱负，有学问，有追求，想大干一番事业，可是，却处理不好人与自身的生理关系的和谐发展，只知道埋头苦干，最后身体严重透支，英年早逝，一切理想、抱负都成为破灭的幻想。古人早就发现了这一道理，如《孝经》中指出："身体发肤，受之父母，不敢毁伤，孝之始也！"告诫人们，身体是父母所赐，要好好爱惜，不能伤害自己的身体，这是孝道的根本。

从心理方面来说，个体生活在繁杂的社会中，对于生活中的各种矛盾、冲突，必须要以正确的心态去面对。如果人的心态不能平静，内心充满矛盾和不满、冲突和对抗，又如何去构建和谐社会？古人说："知足常乐""难得糊涂"，其实都是一个心态的问题。个体要保持充实、积极、乐观、友善的心态，不要这也看不惯，那也不满意，这山望见那山高，那样只会自寻烦恼。从问卷调查表"最近是否会觉得压力大"这一问题的答卷情况来看，有54.90%的被调查对象表示压力很大，41.18%的被调查对象表示压力一般，只有3.92%的被调查对象表示无压力。数据显示，

超过半数的城市外来务工人员感觉压力很大。面对这种压力，人与人难免发生冲突，甚至不得不调换工作。问卷调查数据显示，3.92%的被调查对象表示经常因压力过大而与人发生冲突，54.90%的被调查对象表示偶尔因压力过大而与人发生冲突，只有41.18%的被调查对象表示从不因压力过大而与人发生冲突。此外，7.84%的被调查对象表示经常因压力过大而换工作，41.18%的被调查对象表示偶尔因压力过大而换工作，50.98%的被调查对象表示从不因压力过大而换工作。

表2-11　外来务工人员调查（"最近是否会觉得压力大"）

选项	小计	比例	
压力很大	1 120		54.90%
压力一般	840		41.18%
无压力	80		3.92%
本题有效填写人次	2 040		

表2-12　外来务工人员调查（"是否因压力过大而与人发生冲突"）

选项	小计	比例	
经常	80		3.92%
偶尔	1 120		54.90%
从不	840		41.18%
本题有效填写人次	2 040		

表2-13　外来务工人员调查（"是否因压力过大而换过工作"）

选项	小计	比例	
经常	160		7.84%
偶尔	840		41.18%
从不	1 040		50.98%
本题有效填写人次	2 040		

实现个人与自身的和谐，一是要坚持学习，在学习中提高自身修养，树立正确的人生观、道德观、价值观，提高思想觉悟和认识水平，用正确的世界观和方法论去认识问题，化解矛盾，达到思想和谐、内心和谐，适应环境，不被外力所扰，不媚权，不媚钱，不媚俗，保持独立的人格。二是要培育和谐的思维方式，学会用唯物的、辩证的思维方式客观、公

正、历史地看待问题，用积极的态度化解冲突，用平和的心态接受差异，不为难自己，用积极乐观的态度面对各种困难与不幸。三是要节制欲望，做到知足常乐。四是要保持平和的心态和积极进取的精神，"心平则气和，气和则神安"，只有心态平和，才能理性处理理想与现实的关系。从问卷调查表关于"缓解压力的方式"这一问题的答卷情况来看，有17.65%的被调查对象采取的态度和方法是"忍受着"，有43.14%的被调查对象表示会采取"通过旅游、朋友聚会等方式放松"，有39.22%的被调查对象采取的方法是"在家休息"。

表2-14　外来务工人员调查（"缓解压力的方式"）

选项	小计	比例	
忍受着	360		17.65%
通过旅游、朋友聚会等方式放松	880		43.14%
在家休息	800		39.22%
本题有效填写人次	2040		

三、城市化进程中社会公德建设的伦理引导

城市外来务工人员是城市化快速发展的主力军，是维持城市正常运转的重要保障力量，他们吃苦耐劳，为城市发展做出了巨大贡献。但是，他们习惯了农村社会的自由散漫，不习惯城市的规则，也因此受到城市的排斥。城市管理者对这一群体可谓爱恨交加：当有脏活苦活需要他们干的时候，希望他们无处不在，招之即来；而当他们需要生活保障，需要社会福利，或者不遵守公共秩序的时候，又恨不得他们挥之即去。城市管理者应面对现实，以更宽容的心态接纳这一外来群体，以道德的力量去规范和引导城市外来务工人员的思想和行为。

（一）城市外来务工人员的公共道德教育

1.以法促德

《中共中央关于加强社会主义精神文明建设若干重要问题的决议》指出："社会主义道德风尚的形成、巩固和发展，要靠教育，也要靠法制。"道德和法律是维护社会和谐的两种工具，从两个不同的层面规范人们的

行为，两者不能相互取代。针对城市外来务工人员社会公德建设中存在的问题，应充分发挥道德的引导功能和法制的保障作用。要科学区分法律和道德的边界，让法律回归法律，道德回归道德。不能用道德手段去解决城市外来务工人员中发生的法律问题，也不能用法律手段去解决城市外来务工人员中发生的道德问题，两者应相互配合，相互协调。比如：对城市外来务工人员中存在的制假贩假、坑蒙拐骗、小偷小摸、损坏公共设施、卖淫嫖娼等违法行为，不能以道德去治理，而应该依靠法律去解决；对城市外来务工人员中存在的坐车不排队、讲话不文明等不道德的行为，当然不能以法律手段对待，只能用公共道德去引导教育。法律不是万能的，道德也不是万能的，要解决城市外来务工人员出现的上述问题，可以在法律管辖的范围内，适当运用道德的教化和感召力量进行补充，唤起违法人员的道德自觉；也可以在道德管辖的范围内，适当运用法律的威慑力作为道德教化的补充，防止城市外来务工人员从违反道德规范滑向违法犯罪的深渊。城市管理者要正确运用法律和道德这两种武器，以道德感召和道德教化为主，以法律制约为辅，恩威并施，构建和谐的城市，建设幸福的家园。

2. 因材施教

城市外来务工人员群体的道德素养不是整齐划一的，而是有层次的，社会公德教育的开展也要有层次地进行，要针对不同文化、不同年龄、不同类群、不同经济条件的城市外来务工人员开始有区别的教育，对症下药，因材施教。例如，针对年龄较小、文化程度较高的城市外来务工人员，可以通过在显眼的地方张贴大字报的形式对其社会公德进行培养，促使他们养成文明礼貌、助人为乐、爱护公物、保护环境、遵纪守法的良好习惯。而对于年龄较大、文化程度较低的城市外来务工人员，可以通过在公共场所，如公共汽车等，进行广播，教育他们要树立正确的人生观和价值观，自觉用城市社会公德约束自己的一言一行，用良好的道德形象推进城市经济建设的进程。

3. 营造良好的道德氛围

道德具有巨大的感召力，城市管理者应充分发挥道德的教育感化功能，营造良好的道德氛围，使城市外来务工人员受到潜移默化的道德教育。一是要通过媒体宣传公共生活领域的文明礼仪和道德规范，以正反典型引导城市外来务工人员参与社会公德评价、讨论，以正确的舆论力量净化社会空气，扶正祛邪，弘扬正气。例如：鞍山二中体育老师柏剑就是十分典型的道德模范，他资助40多名学生读书的事迹，通过电视媒体的传播，在社会上产生了巨大的道德感化作用。二是要注重挖掘、宣传城市外来务工人员社会公德建设中涌现出来的先进事迹和先进人物，树立可亲、可敬、可信、可学的道德楷模，让广大城市外来务工人员从先进典型的感人事迹和优秀品质中受到鼓舞、汲取力量。此外，要深入实际，了解新情况，分析新问题，及时发现、总结和推广城市外来务工人员创造的新鲜经验，积极探索社会公德建设规律，不断改进方式方法，增强组织、指导和协调工作的针对性和有效性。要充分发挥社区在推进社会公德建设中的组织、教育和监督作用。

（二）城市外来务工人员的公共道德引导

1. 培育公民意识

《现代汉语词典》（第7版）对"公民"做出了如下定义："具有或取得某国国籍，并根据该国宪法和法律规定享有权利和承担相应义务的人。"截至目前，城市外来务工人员的素质还不是很高，缺乏公民意识；而且城市化进程中的公共生活中的行为规范是和社会公民素质有着密切联系的，提高城市外来务工人员的素质需要提高他们的公民意识。因此，加强社会公德建设，要转变城市外来务工人员传统的社会公德观念，从培育城市外来务工人员的城市公民意识做起，以提高城市外来务工人员自觉遵守城市社会公德的内在自觉性。应当使城市外来务工人员有这样的意识，即他们作为城市化进程中的现代社会公民，不履行公民的义务是不道德的，在外来务工人员的日常生活观念中，他们应该时常做出行使自己正当权利的行为，而且这不应被认为是不道德的。但很多外来务工人员以为这是错误的，认为这是向国家向社会争私利。当外来务工人员的权利被损害而不去维护，也就等于自身允许了这种不公平、不公正的事情在社会道德上存在，这种不公平、不公正的事情有可能再一次发生在其他人身上，正因为上一个人没有好好维护自己的权利，而让其他人误解了，从而去损害其他人的权利。所以，在城市化进程中只有每一个外来务工人员都能有意识地维护自己的权利，并且意识到自己的合法权利,才能减少不公正的事情发生,才能督促每个人都履行自己的个人义务。作为外来务工人员,只有在城市中自觉遵守社会公德,才说明他们具备了这种权利的义务意识,才能提高外来务工人员遵守社会公德的自觉性。与此同时,也要积极培育城市外来务工人员的义务意识,使其承担相应的义务。

2. 加强法制建设

在我国当前的社会公德建设过程中,一方面,对于违反社会公德的行为,需要制定明确的惩罚措施,使人们清楚不遵守社会公德导致的严重后果。另一方面,需要广泛运用立法的形式将社会公德的要求固定下来,使其成为具有可操作性的条文。当代中国正处于社会转型期,传统和现代的行为习惯正在发生碰撞,社会公德建设正处于初级阶段,形成机制还很不健全,另外,社会公德自身的超功利性、弱监督性和从众性等特点,也决定了当代中国加强社会公德建设,需要发挥法律的作用,培植人们对外在惩戒力量的敬畏之心,以形成良性的社会公德建设运行机制。

(三)政府和非政府组织在城市公共道德培育中的主导作用

公共道德教育既然是公共社会所必需,那么,公共道德教育的主体理应是政府和非政府组织,公共道德教育的客体是全体公民。普通城市市民有正常的管理和教育机制,而城市外来务工人员作为一个特殊的人群,其公共道德教育应当由公共社会的管理者——政府和非政府组织来主导和承担。

1. 完善政府管理,加强城市外来务工人员公共道德教育

教育不等于说教,公共道德教育虽为公共社会所必需,但如果管理不善,就会把道德教育变成道德说教,必然遭到受教者的抵触。就好像人需要吃盐,如果把盐按一定的比例科学地添加到菜肴中,每个人都可以接受,也很乐意接受,但如果非要直接喂人吃精盐,恐怕人人受不了。政府和非政府组织要积极为城市外来务工人员提供服务和帮助,在服务和帮助中适当开展公共道德教育。比如就业服务,政府可以对持有居住证的城市外来务工人员开展职业介绍、职业指导等,并进行用工登记备案、综合保险登记和劳动纠纷调解,根据经济结构调整和产业升级需要,

及时发布劳动力需求信息，引导劳动力培训和有序流动；探索窗口、网络、手机短信相结合的就业服务方式，使城市外来务工人员就近、及时享有便利的就业服务；在提供就业服务之时，适时教育和引导他们应遵守的公共道德规范，以确保其就业顺利。

2.硬性和软性两方面着手，加强城市外来务工人员的公德教育

如果说政府的规章和法律法规属于硬性机制的话，那么软性机制就应该是强调市民的个体负责。个体负责实质上就是要让每个市民都认识到自己是城市的主人，既是社会公德的实践者又是受益者，每一个人都要以对社会对他人的责任感和爱心，确立公德意识，尊重他人，尊重社会，珍惜人们共同的劳动成果，珍爱共同生活的这座城市。在城市公德的重构过程中，个体负责问题可以说是一个极为重要的方面，因为一个人的价值观的作用是巨大的。此外，还可以以政府为平台，借助普法启动这个有利时机，开展法制、精神文明宣传，不断提高城市外来务工人员的文明素质；借助报纸、电视、电台等各类宣传媒介，采取宣传图片展览、分发文明倡议书、进行文艺演出等各种形式，引导辖区内广大城市外来务工人员，使他们能够逐渐意识到哪些是不文明行为，是违章行为，是应该摒弃的，哪些是文明行为，是应该提倡的，转变他们的思想观念。① 可以组织一些城市外来务工人员参与到街道的文明城市创建工作中来，与文明督导员共同纠正不文明行为，创造文明整洁的外部环境，而良好的环境又能陶冶他们的情操，两者相辅相成，让他们在参与中加深对文明的认识和理解，逐步树立起"人人都是管理者，人人都是责任人"的观念，从而把社会公德建设转变为一种自觉行动。

（四）法律政策在城市外来务工人员公共道德建设中的保障作用

1.加强社会公德建设，需要有法律政策给予切实保障

如前所述，道德和法律是两个不同的社会稳定器，道德从人的内在自觉方面规范人们的行为，法律从外在方面强制规范人们的行为。社会公共道德建设需要完善的法律政策保障，发挥法律与政策对公民道德的外围支持作用。法律与政策的执行和遵守为道德存续提供了基础，法律

① 鲁洁，王逢贤.德育新论 [M].南京：江苏教育出版社，2000：69.

对道德具有引导、促进和保障作用，道德需要正义的法律来支持和必要的政府政策来保障。我们应该关爱城市外来务工人员，让城市走进他们的生活，让他们融入和谐城市，提高他们的归属感和认同感，这要通过切实做好维护城市外来务工人员合法权益，管理和服务并重、营造良好的生活和工作环境来达到。坚持以人为本，实行用工登记制度、社会保障制度，用工企业与城市外来务工人员签订劳动用工合同，加入工会，明确他们的待遇和权利，给予他们与城市居民同等的就业生活待遇，同工同酬，一样享受城市社会福利等。通过基层司法所、法律援助中心等为民服务的窗口和单位，为城市外来务工人员提供法律咨询和援助，解决他们的维权问题，以低廉的价格甚至免收诉讼费让他们积极参与到依法维权中来，增强法律意识，进而推动文明素质的不断提高。

2. 加强社会公德建设，法律与政策应该承担导向责任

法律与道德相互补充、相互渗透。其实法律的实施，本身就是一个惩恶扬善的过程，不但有助于人们法律意识的形成，还有助于人们道德素质的培养。抓好城市外来务工人员社会公德教育，提高他们的文明素质，是一项非常重要的任务，对推进城市化进程、加强文明城市建设、提高文明城市水平都有非常重要的意义。党委、政府要高度重视城市外来人口文明教育工作，把城市外来务工人员管理服务和文明教育工作作为一项重要的政治任务，以提高城市外来务工人员文明素质为重点，以建设和谐社会为目标，把城市外来务工人员文明教育作为文明创建的重要任务。应成立专门的领导小组，由区教委、司法局、人力资源和社会保障局、工会、妇联等有关单位共同协助，发挥本部门职能，通力合作搞好外来务工人员文明教育工作，保证外来务工人员文明教育工程健康有序发展。

第三章 城市外来务工人员职业道德观念的嬗变及其引导

　　城市是人类进入文明时代以后构筑在地平线上的杰作，它是那样璀璨绚丽、斑斓多姿，展现出迷人的丰姿与无穷的魅力，吸引着亿万农民背井离乡。城市外来务工人员从乡村来到城市，不只是生活环境发生了剧变，身份也发生了颠覆性的改变，他们从传统的几乎自给自足的农民变成了现代社会分工精细的市民，进入了一个以职业生活为中心的社会，开始了全新的职业生涯。职业的分化和职业活动的多样化，意味着越来越多的个体进入了互动性的社会生产中，人们的生产联系越来越紧密，人们的依赖性也越来越强。人类社会的这种变化，意味着人们在职业中的行为对社会中的人们的生活以及社会本身越来越重要，可以说是起着决定性的作用。这是由于人们在交往中越来越彼此依赖，职业在社会中的地位不断提高。因此，职业道德将会变得更加具体、丰富，并逐渐受到人们更多的重视。然而，城市化的脚步是如此之快，城市外来务工人员往往只是经过草草的职业技能学习和粗略的职业包装就匆匆上岗，缺乏职业道德培训。因此，他们不仅要面对学习职业技能的压力，而且要面临职业道德水平的考验。

第一节　城市化进程中外来务工人员职业道德嬗变的表现

城市区别于农村的典型特征之一是职业的分化。中国是一个农业大国，改革开放后，中国农村开始实行家庭联产承包责任制，极大地解放了农村生产力。但部分农村社会变化不大，有些甚至可以说是半传统乡村社会状态，社会分工不明显。城市外来务工人员从农村来到城市，首先面对的就是从农民到职场人士的身份转换。他们既要面对职业技能的挑战，又要面对职业道德规范的考验。

一、职业道德的概念、内涵和特征

（一）职业道德的概念

职业道德是起源于职业生活的道德价值观，职业道德与人类在职业中的活动密切联系。对于一个特定的职业群体来说，因为以同样的劳动为实践标准而进行着同样的业务活动，由于共同的职业劳动义务和彼此之间的利益呈现在职业关系中而形成了彼此间的职业关系。为了保障职工的权益、保证职业活动的正常进行与职业秩序的稳定、平衡各个职业之间的关系而产生的职业道德行为的规范和准则，就是职业道德。这种意义上的职业道德往往是一种立足于社会层面，由强调职业道德对个人的规范性和约束性出发，而表达出的一种典型的、近乎标准的定义，也是一种最为常见的对职业道德的界定。这种界定往往将职业道德理解为主要依靠传统习惯、社会舆论、自身的信念来维持的行为规范的总和。例如，中国伦理学家唐凯麟在其《伦理学》中将职业道德界定为"在一定的职业活动中所应遵循的，具有自身职业特征的道德原则和行为规范的总和"。周中之教授也认为"所谓职业道德就是从事一定职业的人在其特定的工作或劳动过程中所应遵守的、与其特定职业活动相适应的行为规范的总和"[①]。这都是从"规范"的角度对职业道德概念进行的界定。在这些概念中，职业道德几乎等同于职业道德规范。西方学者库珀将职

---

① 周中之.伦理学[M].北京：人民出版社，2004：338.

业道德界定为"个人对职业秉持的一种信仰以及据此而采取的处理工作中问题的态度方式"[1]。不难发现，职业道德概念中都强调了"信仰"，都提到了对个人行为的影响，所以这种职业道德概念实际上已不再是外在的"应然"规范，而是外在要求被个体接受并内化为个人品质的"应然"要求了。事实上，中国传统的职业道德就是这样的。比如，每个行业有行业公会，行业公会会所中供奉有本行业的祖师爷，从业人员定期举行本行业特定的活动，这种职业具有明显的宗教信仰特征，人们相信，如果从业人员违反了行业职业道德，必将受到祖师爷的责罚。

本书中讨论的职业道德包含了人们利用在各行各业遵守道德规范下行动并在职业实践活动中所体现出来的一定的精神境界，以及社会的道德观念来衡量个人价值的标准的规定。所以，职业道德具有一定的权威性，要求每一名职员严格遵守职业道德的行为规范，在做好本职工作的基础上，还需有序调整行业内人与人、职业集团间以及职业集团与社会间的关系，以此来维持行业稳定有效运行，并促使社会不断发展。

（二）职业道德的内涵

职业道德（人的精神境界）的体现是依赖于外在行为规范被主体内化并影响人的实际职业行动的过程。[2] 也就是说，职业道德的展现依赖于人的实践活动，没有人的实践活动，就没有道德的外在表现，所以，在不同的社会与时代，职业道德建设的目标指向有着不同的内容。随着市场经济的发展，市场体系逐步形成和完善，经济活动集聚，包括人力和物力资源向城市集聚、向第二和第三产业集聚、向市场交换集聚、向消费活动集聚，农村土地使用集中，消费市场扩大，人口大量向城市转移。[3] 这样的转变使得职业道德的作用不再像原来那样被忽视，反而社会需要制定更合理、更规范的职业道德准则。

职业道德作为社会道德的特殊类型，有它自身的内容和形式，在调节人与人、人与社会的关系方面有着独特的功能和价值。我国公民职业道德建设的重点，仍然是倡导爱岗敬业、诚实守信、办事公道、热情服

---

① 钱先军.高校大学生职业道德教育的思考[D].南京：南京师范大学，2008：6.

② 周智娟.论公民道德建设的特点[J].求实，2002（6）：54-56.

③ 黄应杭.伦理学新论[M].杭州：浙江大学出版社，1998：47.

务和奉献社会。① 当然，除了这些基本的道德标准之外，由于社会在城市化过程中的不断发展，还有一些评判标准是社会城市化后需要遵守的职业道德守则。显然，这些职业道德的内容还没有真正被纳入相关政策，需要在社会的不断发展中进行总结与归纳。只有将这些所有的内容融合在一起，才可以有效地鼓励人们在工作中做一个好的建设者。职业道德建设应坚持以下原则。

第一，职业道德建设是落实社会主义公民道德建设的重要内容之一。依据《新时代公民道德建设实施纲要》，要推动践行以"爱岗敬业、诚实守信、办事公道、热情服务、奉献社会"为主要内容的职业道德，鼓励人们在工作中做一个好建设者。特别是通过这些要求不仅可以对我国传统美德进行再一次的学习和继承，还给我们国家的精神文明建设提供了更坚实的根基。这些要求在面向不同人群的时候，尤其是对不同职业、不同阶级都具有一定的普及和指导意义。这样，在提高我国公民素质的基础上，也净化了社会的大环境。第二，职业道德建设应该与社会主义现有的政治、经济制度的发展目标保持一致。② 同样，对每个城市公民也都要以社会主义道德的主要内容来规范其职业行为，弘扬道德建设的主旋律，不断提高市民的道德水平，促进城市文明的飞跃。第三，职业道德建设要与社会主义市场经济发展相适应。社会主义市场经济中的道德是人们职业道德的重要组成部分，职业道德对它有一定的指导意义，同时它也具备自身的特点，含有自身的道德意识与原则。③ 特别是在教育公民掌握基本的原则时，也是对我国群众的职业道德建设的一种诠释。在城市化进程中，由于市场商品等价交换原则容易侵蚀社会政治生活和人的精神领域，由于职业道德本质上是一种意识，属于精神层面，所以依据物质决定意识、社会存在决定社会意识等原理，职业道德这种意识是会随着社会存在（物质）的变化而变化的，容易引发见利忘义、权钱交易，导致国家意识、集体意识和互助精神、奉献精神

① 陈立旭.都市文化与都市精神：中外城市文化比较[M].南京：东南大学出版社，2002.

② 宋五好.道德教育中人伦价值的重构[D].西安：陕西师范大学，2010：48.

③ 刘智峰.道德中国：当代中国道德伦理的深重忧思[M].2版.北京：中国社会科学出版社，2001：145.

的弱化。① 因此，在实践过程中，我们还是需要加强职业道德方面的建设，特别要让群众学会树立正确的社会价值观念，学会准确利用物质的利益原则来解决问题，以期为社会的进一步发展提供强大的原动力。第四，职业道德的建设需要围绕城市化发展的总体目标。现代公民要积极履行社会基本道德要求，加强实施以社会公德、职业道德、家庭美德为具体准则的规范，并使自身的道德意识不断得到提升。特别是职业道德的建设在我国一直较为缓慢，可是每一个公民的基本道德素质对于整个社会，或者是城市的影响是直观的，也是巨大的。② 所以，对于城市化进程中城市外来务工人员转变为城市公民的职业道德的建设，我们一方面要促进城市生活的稳定发展，另一方面要特别注重在社会城市化发展进程中出现的新的职业道德伦理现象和城市公民的新的职业道德需求，如官德、师德、医德、商德、艺德等应成为现代化城市职业道德建设的亮点。

职业道德不是空泛地存在于人们的生活领域，而是人的社会联系和利益关系集合的表现。职业道德的产生形成了新的社会联系和利益关系，除了职业内部城市外来务工人员的各种关系之外，还有不同职业城市外来务工人员之间以及职业人员与广大社会服务对象之间的关系。每个从业者的职业活动的实质是和各种不同的人群交流的过程。职业道德是指在特定的社会经济关系中，从事不同职业的人在其从事的职业活动中所遵循的职业行为规范的总和。它是从业者在职业活动范围内依据道德基本要求在不同职业活动中所表现出的特定行为规范。它主要体现在职业理想、职业态度、职业义务、职业纪律、职业荣誉、职业作风和职业技能等方面。当今中国，由于社会城市化的不断发展与变革，经济的转型使得市场也跟着进入了转型期，并且让群众的生活境遇发生了翻天覆地的改变，更对群众的自身发展提出了新的考验与要求，职业道德被注入了新的内容，要求公民按照时代的规则去发展，按照新的标准去塑造。

---

① 吴允侠.城市现代化进程中的公民道德建设研究 [D].南京：南京师范大学，2004：13.
② 周纪纶，吴人坚.城市的迷惑与醒悟 [M].上海：上海科学技术出版社，2002：112.

（三）职业道德的特征

1. 职业道德的特殊性

公民职业道德建设的对象是全体从业者，其范围是极其广泛的。一方面，从事职业活动的主体为成年从业者，人们的道德完善是通过家庭教育、学校教育以及社会实践逐步实现的，这也是人们道德行为和道德意识发展的成熟阶段，它表明一个人已经"走向社会"。另一方面，职业道德的某些具体表现局限于从事某种职业的人，对这个职业以外的人往往不适用。例如，教师的职业道德体现为为人师表、热爱教育、关心爱护全体学生、尊重学生、尽职守责；救死扶伤、实践人道主义、人人平等的观念是医务人员的职业道德；童叟无欺、诚信第一等是营业员的职业道德表现。

2. 职业道德的稳定性和继承性

从职业道德的内容和发展来看，职业道德具有一定的稳定性和继承性。职业道德一直保持与职业劳动、职业要求相结合，稳定的职业道德不是从一般意义上的社会实践中总结出来的，而是从特殊的职业实践中提炼出来的。人们的职业经验在职业活动中总是通过一代又一代的从业者持续积累，一定基础上的社会职业道德也是在继承了以往职业道德的基本内容和要求的基础上发展起来的，所以，职业道德具备鲜明的传承性。这样的传承性经常体现出某种职业的人们所独有的职业道德传统习俗，体现从事该职业的人们所具有的道德意志品质，体现出代代相传的职业功能，比较稳定的职业心理、职业习惯和职业语言等。而且由于从业者的代代相传，不同职业的人所表现出的道德品质具有一定的差异性，以致对于其他人来说有"隔行如隔山"的感觉。一个阅历较深的人，往往可以通过一个人的言谈举止，大致地判断出他的职业。例如：人们经常会评论某人有"学生气"或者"商人气"，或者是有"领导派""领袖气质"等。这些独有的气质是由某职业独有的职业活动形式与方法长时间的熏陶演变而成的，从而也形成不同层面的道德品质和道德行为方式，这从侧面说明了职业道德的稳定性和继承性的特征。

3. 职业道德的多样性

受社会分工的影响，职业道德的存在和表现形式也是多样的。城市化过程中经济与社会的发展促使社会分工越来越细，职业道德的形式也必然千差万别，各种各样的职业形成了各种各样的职业道德。人们经常从各种不同的职业活动过程和职业交往的内容和形式出发，根据行业特点，归纳整理出适合本行业的公约、规章制度、员工守则、行为须知、岗位职责等，将职业道德的基本要求规范化、具体化。这样职业道德在形式上也表现出极其丰富的多样性。职业道德除了通过传统习惯、社会舆论和内心信念对城市外来务工人员的职业行为进行调节之外，它的另一个重要特征就是与职业责任和职业纪律紧密相连，具有一定的强制性。当城市外来务工人员违反了职业章程、职业合同、职业责任、操作规程等，给企业或社会带来损失或危害时，职业道德就用其具体的评价标准，对违规者进行处罚，轻则给予经济和职业纪律处罚，重则移交司法机关，由法律进行制裁，这就是职业道德强制性的表现。随着城市化进程的不断推进，各种职业新情况出现，职业道德的内容也会发生变化，因此必须针对该职业道德提出新的要求，补充新的内容。同时，职业道德大多数根据本职业的特点和要求，采用一些简便易行的形式，在表达方式上大都采用类似公约、须知、条款、规章、制度等简洁明了的形式，这样做更容易使专业人员采纳和实施，更容易被社会道德认可。

4.职业道德的多变性

职业道德建设与其他政治、经济和文化等社会元素不同的是，职业道德建设具有一定的特殊性，尤其它是通过人们的工作显示出来的。而在不同的城市里，虽然文化存在差异，但是只要有人，哪怕一个微小的违反道德的行为或者言语发生，都有可能破坏整个城市的公众形象，并给该城市的道德建设带来消极的影响。当企业将职业道德规范，如爱岗敬业、诚实守信、团结互助等纳入具体操作层面时，一般都与自身的行业特点紧密结合，使其变成更加具体、明确、严格的岗位要求，并制定出相应的奖惩措施，它与城市外来务工人员的物质利益挂钩，强调责权利的有机统一。由于现代化城市的进一步开放，人们一味地想获得更多的个人利益，而往往在一些时候职业道德并不能满足个人的这些需求，甚至很有可能要牺牲一部分个人的利益去维护职业道德的操守。所以，面对如此境遇，很多人的想法也会变得更为复杂多变。综上所述，不同的职业有不同的道德要求，不同的人有不同的职业道德，职业道德具有多边性。

二、城市化对城市外来务工人员职业道德观念的影响

（一）城市化进程对城市外来务工人员职业道德观念的积极影响

通过前面的介绍，我们对职业道德有了更深层、更全面的认识，但是这并不能决定现代职业道德的完全走势。在城市化不断发展的今天，农业人口出现了非农化现象，城市中人口的比例在不断扩大，郊区更多被用于城市规模的建设。当然，更重要的是要实现城乡的和谐融合，特别是空间上的，包括环境的融合、社会制度的融合、文化产业的融合、就业制度的融合等，以此来真正实现城市农村共发展、同富裕、齐进步的目标。城市化进程对城市外来务工人员职业道德观念的发展有如下积极影响。

1. 城市化决定了职业道德是城市外来务工人员道德观念的重要内涵

城市化决定了职业道德是人的德行的重要内容和目标。中国古代社会是一个农业社会，职业分工不明显，人们长期过着自给自足的小农生活，这类社会生产方式的最大特点就是封闭性和自给自足性。也就是说，虽然在传统社会中，经济生产一定程度上推动了经济活动的跨家庭、跨地区的经营，但这种经济生产基本仍是以家庭为单位，"男耕女织"，"耕读传家"，生产的目的是满足家庭自身的需要，家庭与家庭之间"老死不相往来"，因此生产者之间在地理空间和社会关系上是相互分离、彼此孤立的。这种封闭性的生产方式也决定了个人德行内容的自我性特点，即对于城市外来务工人员来说，德行的发展是为了达到"修身、齐家"的目的，道德仅仅局限于成为个人的安身立命的原则，因而社会成员也不会对职业道德产生普遍的重视，职业道德的有关内容也自然不会成为当时人们的德行的具体内容的重要方面。但是随着传统社会的不断发展，职业的分工明显增多，职业道德的发展有了初步的规则，人们开始加强对"德行"的培养，可是，由于文明制度的落后，对"德行"的培育还是略显稚嫩。事实上，在中国古代职业道德发展的过程中，往往对于"德行"仅仅是理论至上，并没有真正实施在操作过程中。[①] 随着城市化进程

---

① 唐凯麟，陈科华.中国古代经济伦理思想史[M].北京：人民出版社，2004：31.

中经济生产的职业分化、社会分工的细化和职业生产成为人们存在的基本实践方式，社会对个人的职业活动依赖性增强了。一方面这种依赖性表现在生活中对个人职业活动所能提供的产品或服务的期待上，没有他人的职业活动提供，社会成员无法生存；另一方面这种依赖性也表现在现代生产过程中的合作性上，就像"在一个作坊里，当一个披风制作者选择从座位上站起来呼吸一下新鲜空气时，她的缝合线只是稍稍松开一点点，仅此而已，并没有其他工作在等待着她。若是在一个棉纺厂，与此相反，所有的机器在不停地运转，人们必须全神贯注"所描绘的。这种依赖性的增强，必然导致社会对职业生产的要求越来越多，越来越明确。这也意味着职业道德的内容越来越丰富，在特定历史条件下的道德具体内容中地位越来越突显。同时，随着职业生涯成为个人社会化的必经阶段，职业道德的内容通过个人的社会化或主动或被动地被个人接受、认同和内化，最终成为个人德行的具体内容。综上所述，人是有德行的，城市外来务工人员的职业道德是现代城市人的德行的重要内容，所以人必须充分展现这一特征。但人的这一道德性内容并不是天生的，是人在不断的职业行为中适应时代要求而体现出来的，亦即是个人在对职业道德的追求中体现出来的。现代人正是在职业领域中不断地追求与体现职业道德，从而展示出自身的道德性。总之，从城市化中城市人的存在角度看，城市化离不开城市人的存在，而城市人的德行要求意味着城市公民必须诉诸对职业道德的追求，所以，城市化进程离不开人的职业道德，对职业道德的追求是现代人存在的必然要求。

2. 城市化的推进有利于城市外来务工人员构建良好的职业道德

随着城市化的发展，一方面，许多城市外来务工人员家庭或团体内部的服务功能社会化，促进第三产业的发展；另一方面，由于生产力和经济水平提高，人们有更多的时间与经济实力进行服务性消费，并且消费观念也发生变化，这就为第三产业发展提供了接受空间。所以从各国在现代化过程中产业发展事实来看，第三产业的确将随着现代化的发展而在经济中处于更为重要的地位。以中国的第三产业为例，随着现代化的发展，尤其是改革开放后，第三产业得到迅猛发展，吸纳的劳动力越来越多。产业结构的发展变化，进一步提高了社会发展对职业道德的要求。首先，从生产过程来看，与第一、第二产业相比，第三产业生产活动都是瞄准人的生活需要的生产，是直接与人打交道的，甚至是面对面的生产，所以，接受生产服务的消费者不仅是生产者的最终产品消费对象，而且也作为参与者直接参与生产过程，成为生产中必不可少的条件因素。例如，必须有消费者参与，理发师才能向消费者提供服务；摄影师必须对准消费者，才能为消费者进行拍摄服务。与非第三产业的生产活动相比，第三产业的生产活动面临着更多的人际互动，这意味着生产中有更多的人际关系需要协调，而道德是协调人与人之间关系的价值体系，这就突显了职业道德作用的重要性和对职业道德需求的必然性。其次，服务业产品存在的形式有两种：一种是以实物形态存在的物质产品，如画家画的画、摄影师拍的照片等；另一种是以"活动"的形式提供的无形服务，如歌唱家、医生提供的服务。而从消费者消费的最终产品内容看，不管生产的产品中是否存在实物形式，服务者（生产者）所提供的无形服务都被容纳到最终消费内容中去，如摄影师最终的生产结果包括照片和拍摄过程两部分。因为消费内容中无形服务的存在，所以生产者的道德精神因素将更直接影响到产品的最终质量，甚至在无实物形式存在的产品中，由于消费者消费的全是生产者提供的无形服务，所以生产者的道德精神状况更是影响产品质量的关键性因素。由于生产者的道德状况影响到产品，因此社会对生产者的责任意识、敬业意识、服务意识等方面的职业道德要求就越来越高，对职业者的职业修养也更为看重。综上所述，职业道德是现代经济发展中产业结构变化的需要，这在第三产业中尤为明显。随着城市化的不断推进，第三产业不断发展，因此，对于城市外来务工人员的职业道德要求越来越高，从而促进了其职业道德的发展。

3. 城市化进程倒逼城市外来务工人员更积极地发展职业道德

德国社会学家卢曼认为，我们生活在一个"除了冒险别无选择的社会"[①]。的确，随着现代化的发展和生产实践领域的一系列变化，生产中产生或导致的一些负面影响已经可以轻易地转变为社会大众性的问题，成为影响到社会整体的风险。与过去传统的以农业基础为主要发展动力的社会相比，现今社会正在向城市化迈进。通过大幅提升社会的工业化和市场化水平，人类的生产实践能力得到大大提高，改造自然界的能力，

---

① Luhmann N. Risk: A Sociological Theory [M].Berlin: de Gruyter, 1993: 218.

尤其是物质生产能力得到了极大增强。城市化的进程是建立在社会快速发展基础上的，特别是社会上的职业分工将更加明确化、更加细致化、更加科学化。因此，由于职业的精细度在显著提高，那么对于职业的要求将更加严格与规范，尤其要注意的是各个职业在相关规定的监督下，要求每一名职业人最大限度地管理与约束自己的言谈举止。比如：在商业活动中，由于城市化的发展速度过快，许多尖端行业的竞争尤为激烈。每一名城市外来务工人员要牢记自己的操守，所有有关的商业机密是不被允许向外传播的。但是每一个人的行为不可能随时随地都被监控，这也违背法律与道德。所以，很多时候需要自己去约束自己的言行，而这就属于自我管理的范畴。随着城市化的发展，人类进入了工业社会，而工业社会的生产实践是在资本关系条件下的生产实践，这一特定时期的条件使得生产由传统的个人消费主导的活动转变为资本主导的活动，也就是说，生产者的生产目的不是产品的使用价值，而是资本的增值。风险社会的跨越关键在于生产者的自我管理，而自我管理是具有自我意识、自主意识和自由能力的个人，在正确认识自己和所处的环境的基础上，通过一系列合理的自我设计、自我学习、自我协调和自我控制等环节，对自身进行管理的活动。因此，自我管理是从管理主体角度，强调主体是个人自身而非外在的法规、机构、组织的行为活动，其最大的特点就是管理的自我性。而职业道德的内涵不仅仅包括一定的职业道德规范，还包括个人内化这些规范、自觉按照道德要求进行活动的道德行为，因此，作为一种实践状态，职业道德本身也内在地包含着职业道德管理。城市化进程要求城市外来务工人员更积极地进行职业道德管理，这会倒逼其更积极地发展职业道德。

4.城市化进程有利于职业道德更大地发挥精神纽带作用

"有了分工，个人才会摆脱孤立的状态，而形成相互间的联系；有了分工，人们才会同舟共济，而不是一意孤行。"[①]涂尔干认为仅仅依靠分工本身还不能完全实现社会的团结与整合，他意识到了社会分工所隐藏的危险性，意识到社会分工有可能会衍变成社会解体。事实上，这样的情况需从两方面来考虑：一方面，由特殊的社会分工所导致。比如：

---

① 埃尔米·涂尔干.社会分工论 [M].渠敬东，译.北京：生活·读书·新知三联书店，2000：24.

（1）社会分工的失范性，社会分工的迅速发展，使得一些相对困难的个体很难进入到传统的共同体中，并且很快被孤立。（2）社会分工的强制性。分工的细则并不是完全被社会中的个体所接受，部分人员是被迫妥协、被迫接纳。（3）社会分工的非人性。这些分工的确立并不是由人本身来完成的，而是由社会中的不同元素共同决定的，所以相对的也使人失去自由的选择权。另一方面，由极端个人主义的盛行所造成。比如：在很多国家，为了加大对个性的发挥，使个人不再受一些条款的约束，解放个人的思想就成为集体主义中的一条新的路径，并且由于金钱的诱惑、利益的争夺，个人的贪念有了迅速发展的迹象，使得社会又一次刺激了个人的欲望，① "贪婪自上而下地发展，不知何处才是止境。没有任何办法可以平息贪婪，因为贪婪试图达到的目标远远超过了它能达到的目标"② 。职业道德是现代社会增强团结的重要联系纽带。现代社会的发展是以不断分工与分化为基础的，是个体间差异性不断增加的过程，因而，相比于个体间相似的传统社会，现代道德要能覆盖所有的社会成员，其内容就必须更为抽象与一般，这样，道德内容就与现实的距离增加了，对人们的具体行为指导作用也减弱了，权威性也降低了，社会团结作用也就弱化了。同时，现代社会成员通过职业劳动来获得个人和家庭成员的生存与发展条件，"大量个体的生活都已经被纳入工业和商业领域"③ ，这就意味着职业道德将对社会成员具有更广泛的适用性及现实意义，这也表明职业道德能避免现代社会中一般道德的弱点，更有效地体现道德对生活的指导作用，通过自身影响力的发挥更能体现道德的社会联系纽带作用。所以，作为道德的重要内容之一，职业道德将在现代社会更大地发挥道德对于社会团结的精神纽带作用。

---

① 冯婷 . 涂尔干论职业伦理和公民道德 [J]. 中共浙江省委党校学报，2003（4）：32-35.

② 埃米尔·迪尔凯姆 . 自杀论：社会学研究 [M]. 冯韵文，译 . 北京：商务印书馆，1996：237.

③ 涂尔干 . 职业伦理与公民道德 [M]. 渠东，付德根，译 . 上海：上海人民出版社，2000：14.

（二）城市化进程对城市外来务工人员职业道德观念的消极影响

1.城市化进程中城市外来务工人员过度追求利益导致职业道德观念的异化

在城市化进程中，城市外来务工人员是因利而来到城市，也因利而走上了城市职业生涯，他们对职业道德缺乏深刻的理解。同时，城市对待外来务工人员和城市原住民的标准是不一致的，即两个人群的劳动与报酬是不对等的。城市外来务工人员的劳动率比城市一般公民要高出50%以上，而本地的劳动力与城市外来务工人员的劳动力的用工成本比约为5∶1，① 虽然绝对的贫困降低，但却加剧了收入的不平等。这样的两种制度和待遇给城市外来务工人员带来多重社会排斥，促使城市外来务工人员过度追求利益而加剧他们在职场上的职业道德的行为失范。道德失范通常被定义为在社会的生活实践中，能够生存下来并且具有一定的规范性的道德价值观，有些已经被社会遗弃，或者出现了漏洞，不具备正确的示范性，抑或是不能够在社会生活中发挥正常的调控作用，使得社会出现较为混乱的局面，人们的行为也不道德。② 讨论道德失范的意义在于剖析社会中个体与集体精神上的冲突与碰撞。细化来分析，它反映了一种社会状态：原有的价值观和文化模式被排斥和怀疑，并且使人们无法再相信它的出现是正确与可行的，而新滋生的观念和看法也不能完全被广泛认可，导致社会出现了分级、分层，甚至使社会出现了严重的道德危机，没有了对人们的控制，也没有了对人们的制约。③ 道德行为的失范是由道德评价标准的无公度性所导致的。事实上，道德失范隐藏着两点内容：第一，人的行为已经偏离道德规范所包含的内容，这属于现象级的行为方式的越界；第二，内在的心理世界中意义与精神层面的东西遭到破坏，使人的内心变得举棋不定和沮丧。④ 具体来说，在城市化的过程中社会流动加速发展，城市中的居民和农民对于价值观的理解产生了巨大的分歧，使我国社会的结构开始变得复杂，特别是异质性

① 康来云.农民工心理与情绪问题调查及其调适对策[J].求实，2004（7）：85-88.

② 高兆明.简论"道德失范"范畴[J].道德与文明，1999（6）：8-10.

③ 高兆明.简论"道德失范"范畴[J].道德与文明，1999（6）：8-10.

④ 高兆明.制度公正论：变革时期道德失范研究[M].上海：上海文艺出版社，2001：8.

相对较高的社会，价值观的错误将会使群体的利益冲突变得越来越明显，社会流动的加剧也给双方创造了更多的交流平台，而这也大大增加了人们的冲突。[①] 一方面，强大的利益意识观使得经济利益的纠纷难以被消除，这也加剧了社会经济的冲突。城市外来务工人员失去了原有的根基，再加上城市的保障体系并不能很好地确保他们的义务与权利，所以，在享受经济利益方面他们不可能会得偿所愿，特别是在企业中雇主考虑更多的是如何产生高额利润，这就更容易使处于弱势的城市外来务工人员在就业、工资的分配、劳动权益的保护、医疗保险的保障、人身安全等方面受到侵害。所以在经济利益被侵害之时，他们要么忍气吞声，要么意气用事，甚至进行报复，从而造成农民工与城市居民的直接经济冲突。另一方面，在城市化进程中，每一个职业的小群体都会有价值目标与方向的不同，特别是将自己的文化看作优势文化，排斥其他文化的侵入与干扰，当这些东西在相互交融、接洽之时，很容易就产生了竞争，产生反对甚至试图消灭对方文化的现象，就属于文化冲突。来到城市的外来务工人员，他们实实在在地经历了城市文化与农村文化的差异，这两种文化规范的差距也很容易导致文化冲突，使城市外来务工人员产生排斥心理与错觉，甚至间接使其在价值观方面产生错误认识。

2.城市化进程中社会两极分化考验外来务工人员的职业道德行为

城市化是市场经济条件下以城市为中心渗透发展的过程，在这个过程中，人们在金钱和权力的诱惑之下，为了自己的私欲，不惜损害国家的利益，见利忘义、尔虞我诈。特别是城市化进程中社会两极分化对于市场经济的影响更表现出多领域化、多维度化、多层面化和多类型化的特征。例如，城市外来务工人员和市民财富分配领域的具有多元性质的两极分化现象，形成了不同文化意识的阶层和亚文化群体意识，社会职业分层与异质化不是简单的以收入为标准，而是在收入分层的基础上出现了文化价值观的不同和多元分类。一些人利用职业权力使财富快速增加，使得"拜金主义"泛滥，在社会转型期这一特定的社会环境下，新的职业道德伦理约束机制尚不健全，一部分人的价值观念出现偏差，缺乏社会责任感，职业诚信度降低。忽视职业道德规范不良行为的作用是近年来职业道德无法得到进一步加强的重要原因。商业活动、食品加

---

① 曹义宏.农民工与城市居民的社会冲突[D].合肥：安徽大学，2003：10.

工、企业合作往往都是追求自身利益的最大化，对于人身安全以及社会稳定经常是持无视的态度。[①] 只要是有利益的，从业者就会去做，无论合法与否，长此以往，职业道德将出现畸形状态。[②] 事实上，城市可以给人们无数的希望，包括事业、金钱、享受、情感、创造等，每个人都想在竞争中实现自己的梦想，为了这些梦想，一部分城市外来务工人员无视消费者的权益，以一些不合理、不道德甚至违法的手段去获取源源不断的利益，这已经严重破坏了市场的经济秩序，并对人民的利益造成了侵犯，使得社会陷入了诚信危机和职业道德危机。产生这些严重违反职业道德的行为的主要原因之一是高收入群体与城市外来务工人员这一低收入群体之间的职业发展趋势形成了鲜明的对比。其中一部分城市外来务工人员的子女"被剥夺感"强化了，拜金主义成为这一部分人的生活理念。另外，城市化的影响，导致了城市外来务工人员城市社会生活的无根性，致使城市外来务工人员的子女出现了群体性社会心理紧张等"非典型现代都市病"。很多城市外来务工人员几乎成了城市社会发展的一个写照，很多经济发展较快的城市都是"移民城市"。"外地人""打工妹""边缘人"等这些具有时代特征的名称成为城市化的象征符号。有的人从乡村走入城市，有的人从小城镇走进大城市，有的人成为商人，有的人成为工人，有的人不愿劳动宁做街头乞讨人，人们从一个城市流向另一个城市，从一种行业转到另一种行业。当城市化不断加快，社会发展出现新的生产方式和体验，每个人都想扎根在城市里，但是现实生活中又必须应对如潮的社会变迁。由于生活压力所迫，城市外来务工人员一次又一次地扎根，一次又一次地被拔根，离开家乡，离开原单位，离开原来的行业，离开生活过的城市，去寻找其他职业。事实上，为了扎根在城市，让城市真正接受他们，城市外来务工人员在城市不断为自己和他们的子女寻找新的出路和生活方式。现代城市生活在很大程度上以技术和技术所产生的影响让一部分人获得职业生活，这是城市化进程所导致的。所以，在城市化发展的大背景下，结合城市外来务

---

① 杨筱旭，孙进.思想政治教育视域下的职业道德建设[J].辽宁经济管理干部学院（辽宁经济职业技术学院学报），2012（1）：30-33.

② 林广，张鸿雁.成功与代价：中外城市化比较新论[M].南京：东南大学出版社，2001：37.

工人员自身的特点与需求，寻找到一条更为合理、科学、人性的具有城市困难群体特色的发展道路将变得尤为重要。

3.城市化进程中社会不公导致城市外来务工人员职业道德的缺陷

城市化进程中我国二元劳动力市场和城乡的二元结构，给城市外来务工人员带来多重社会排斥，这不仅违背了社会公平原则，还极大地损害了城市外来务工人员在灵活就业群里的利益，更加不利于就业形势的发展。[①] 在城市化进程中，越来越多的地方、部门背离职业道德的本质，将利益最大化变为其最根本、最核心的追求。而在社会利益格局中，职业道德缺陷和集团利益最大化的追逐必然诱发各种社会不公平现象。例如，有些个体户和私营企业之所以能在短时间暴富，并不是因为其经营有方或遇到了天赐良机，而是因为他们通过损坏他人和社会的利益来"养肥"自己。有些企业承包人包盈不包亏：企业盈利了，把大头装入自己的腰包；企业亏损了就溜之大吉。有些影视明星一首歌要求上万甚至数万元酬金，这样高的酬金与其付出的劳动是否相适暂且不论，他们还想方设法逃税漏税，这既不符合职业道德又违反法律。在这样的城市化进程中，还有一些企业对于职业道德建设只是做一些表面工作，走走形式，喊几句象征性的口号，实际上并没有发生根本改变，甚至将职业道德建设停留在原地。这使得人们出现了侥幸心理，他们认为金钱是评判人在社会中地位的最重要标准，所以，部分教授、记者、官员、国有企业的职工纷纷下海试水，投入市场经济中。他们身兼数职，利用职务之便，投机倒把，大发横财。诸如此类的职业行为，都可以归因于职业道德的缺失，而这样的职业行为之所以在城市化进程中泛滥成灾，至少有四点原因：第一，市场运行规则不统一，各地各行其是；第二，经济运行或无法可依，或有法不依，执法力度不够；第三，管理职责划分不明确，有利益就管，没有利益就不管；第四，职业培训只是一味重视技能上的要求，而忽略了道德层面的培育，这就使得城市外来务工人员无法形成职业道德的概念。

4.城市外来务工人员文化失调与利益冲突导致职业道德的滑坡

城市化进程中所体现的最显著的社会变迁，往往集中表现为人的观念与行为的变迁，当然也包括道德伦理的变迁。中国城市化的进程是一

---

① 肖云，王晓辉.农民工中低层灵活就业的社会排斥 [J].城市问题，2008（5）：64-69.

种典型的农业社会转向工业社会的变迁过程，是前所未有的社会关系与文化关系的融合。面对新的城市社会关系和人口的大迁移，旧的价值观念与文化体系被打破，而新的价值观念与体系未能形成，这就导致人们的观念多元化和传统道德的丧失，城市人形成不同类型"异质性"群体，他们以个性化的生活方式创造个人价值。正是这样一种认知，加之西方文化及价值观与中国传统文化和价值观的碰撞，使得城市社会越来越缺乏主流文化，更缺乏城市社会的整体文化认同。纵观社会主义发展的轨迹，不难发现社会主义革命明显是在一种价值理念的指导下动员起来的，这一理念许诺了一个平等的经济资源和财富分配的状况。这种价值理念为经济生活的取向及其正当性提供的理念性支撑，构成了经济伦理的基本因素，对于理解现代解构的经济秩序的形成及其问题，具有典型性意义。[1] 而这也是城市化进程中，城市外来务工人员职业道德所要追求的一种理想境界。然而，随着城市化的不断发展，在这样的文化价值体系内，城市外来务工人员的行为渐渐处于一个传统文化行为丧失、变异的状态，新的文化行为以多元化的形式呈现在社会环境之中，社会成员的行为缺乏整体规范，出现了大量的社会失范和越轨行为。对于我国传统文化来说，其道德主义的色彩极其深远，特别是我国的社会基本秩序一直还保持着仁、义、礼、孝、忠、信、智等道德标准，[2] 无论是对国家，还是对个人，依旧引导着生活的文化主流和政策法律的制定，对人们也起到了一定的约束作用，职业道德更是如此。但是，随着城市化主体地位的变化，经济利益的影响力扩大，激发了人们的能动性，也诱发了人的放任性。人们在物质利益的驱动下，道德观念、价值尺度发生了重大的变化，不再像城市化前那样，轻视物质利益，甚至谈利变色，而是充分发挥主体能动性，在市场经济中选择、竞争和创造，以争得正当利益，实现自身价值。这种不断进取的行为，无疑都是合理的。但是在城市化进程中人们的文化失调与利益冲突过渡性失衡而产生畸变，由于社会监督的力度比较小，政府部门的管理体系不够完善，工作人员的从业态度不够坚定，整个职业的发展机制不够合理，特别是并不是把为人民服务

---

① 高兆明，李萍，等.现代化进程中的伦理秩序研究[M].北京：人民出版社，2007：79.

② 孙胜.论社会转型时期的道德变迁[D].长沙：中南大学，2005：25.

当作工作的核心与重点，严重缺乏社会责任感，经常是利用各种手段只做对个人利益有益的事情，使得社会丢失了信任感，群众无法真正获得长远利益。

三、城市化进程中城市外来务工人员职业道德观念嬗变的表现及其评价

（一）西方文化影响所引发的职业道德错位

道德有时会产生一定的错位，并且导致道德层次较为模糊，道德行为也失去了规范的秩序。我国由于长期处于自然经济状态，受传统道德观念的影响较深，特别是中国传统的重农轻商、重义轻利思想。在《论语·里仁》中，孔子谈到，"君子喻于义，小人喻于利"。意思是君子更懂得义的意义，而小人只知道什么是利。孟子继承孔子重义轻利的价值观念，在拜见梁惠王时进谏忠言"何必曰利，亦有仁义而已矣"。在孟子看来利是没有什么用的，仁义才是做人最重要的原则。孟子主张"非义勿取"和"舍生取义"，也就是说评判善恶的依据是义。之后，荀子又继承孔孟思想，把"重义轻利"融入社会生活的秩序中，并主张"以义制利""先义后利"，认为只有将义的思想推广到社会中才可安天下。就像《孟子·大略》中所说的，"义胜利者为治世，利克义者为乱世"。人们深受这种传统文化的熏陶，往往把重义轻利的美德传给子孙后代，同于社会常德。在整个社会中，所有城市外来务工人员都应该有大公无私、重义轻利的思想，每个人都应该争做先进。但事实上，如今的从业者已经失去了社会的常德，人们开始忽略它的作用，反而把模范事迹当成典型来鼓励大家好好工作。在城市化的过程中，商品交换日益频繁，人们在交往时，金钱的交换日益增多，但人们在认识"重义轻利"道德观念时产生了严重的偏差。在西方文化中，"重利轻义"的思想不断侵蚀人们，中国在受到西方文化的入侵后，见利忘义的行为也逐渐开始盛行起来。特别是城市化之后，虽然城市的经济实力雄厚了，人们的生活水平提高了，但是也出现了大量与传统的重义轻利相背离的实例。这些事情破坏了城市的道德建设，影响了社会的良性发展。

（二）利益关系导致城市外来务工人员的道德情感淡漠

随着经济和科学技术的发展，人们的社会交往方式增多，空间范围扩大。平台也逐渐增加。进入城市的外来务工人员获取收入的途径往往比较多，就业范围也比较广，相互间联系比较强，在社会交往上突破了我国传统的熟人社会。传统社会是以农业为基础的社会，是以血缘和地缘为基础的熟人社会，自给自足，社会分工不明，职业服务对象具体明确，职业道德显性化；城市化社会是一个陌生人社会，城市中人们更多是以血缘、业缘、行缘、事缘为基础交往的，职业服务对象十分广泛，不具体明确，所以职业道德经常是以隐性的方式出现的。也就是说，职业道德在这种特定的情况下，往往被忽视。中国对"礼尚往来"尤为看重，而这也可能是中国被认为是"熟人社会"的主要因素之一。自古以来，中国人在交往上讲求的是一种礼数，用合乎礼仪的行为来表达对朋友的感情、对客人的尊敬、对上司的敬仰。人们在交往的过程中，通过某个人的言谈举止来判断这个人对自己是否真诚，如果是真诚的，那么在接下来的交谈中，情感上的共鸣往往多于客观存在的事例。[①] 费孝通在《乡土中国》一书中就提到"礼"对于中国社会的影响，他强调："中国社会是乡土社会，乡土社会秩序的维持，有很多方面和现代社会秩序的维持是不相同的。乡土社会并不是无法无天，或者说无须规律，而是通过礼治来维系社会的秩序。"礼仪是社会认可的行为规范。合乎礼仪是说这些行为是正确的。如果单从行为的角度看，礼仪与法律并无多大差别，也属于一种行为准则。但是也有不同之处。礼仪具有一定的规范力，法律是国家权力的一种体现。礼并不是通过外来的职权控制的，应该是通过教育使人对该事物产生一种自觉的意识，让人们彻底为该事物服务。人对于礼仪的尊重应该是主动的行为。这显然与法律是不同的。法律是通过外在的管理去约束人的行为，通过外在的权力所规定的惩罚措施对人形成约束。

在城市化的过程中，不可否认，"关系社会"对于现代职业道德水平的提高起到了较为严重的阻碍作用。事实上，人情的交易已使竞争的危机感和紧迫感荡然无存，特别是一些家族企业的盛行，使得公司的管理

[①] 梁漱溟.东西文化及其哲学[M].北京：商务印书馆，2010：22.

更像是家庭会议。管理理念的创造性已被家人间的温情占据。这就使得企业的竞争力严重下滑，行业的发展也受到了空前的影响。所以说，人情社会的过度滋长，使得市场经济出现了泡沫现象，和谐社会的组成元素也变得更为单一。另外，人们思想活动的独立性、多变性和差异性不断增强。在道德领域中，一些从业者的价值观产生混乱，荣辱不辨、善恶不明；个人主义、功利主义的道德观念侵蚀着人们的心灵，金钱、权力、地位逐渐成为一些人追逐的目标；人与人之间缺乏信任，关系冷漠，甚至麻木不仁，见死不救，出现了职业道德的沦丧。在城市化进程中，由于职业的变更，从业者之间的利益关系紧密了，人的道德情感却更加淡漠了。

（三）职业道德从内在自觉转向外在规范

中国传统社会是一个小农经济、专制政体和精英文化三位一体的社会，因此，中国传统的职业道德都是单一以"诚信"为主要元素的。孔子说："自古皆有死，民无信不立。"孟子也说："仁则荣，不仁则辱。"宋代王安石说："人无信不立……食言丧志，臣之丑行。"为官为政要讲信用，绝不食言；从医、经商、为师等，也是如此。儒家这种以"诚信"为主导的观念成为传统社会的职业道德。

对于中国传统的职业道德的内容来讲，"诚信"的提出，还是具有一定的合理性的。它紧紧覆盖了人类在精神中的约束自我的根本，并且加强学习与注意对个人道德的意识与保护，突出了职业道德在个人生活中的良性力量的内蕴。但是这种"诚信"评价往往对人或者对事，尤其是对个人的感情的差异具备一定的随意性。随着城市的发展和社会主义市场经济体制的逐步完善，中国的社会结构和人们的思维方式发生了巨大的变化，因而作为传统的以"诚信"为基础的职业道德将必然发生新的嬗变，以适应现实的改变。职业这种对于道德的转变，从实践中来说，是通过"诚信"逐步诉诸"规范"的。职业道德要求人们平等合作，合理地调节人际关系，为此就需要具体、普遍、可操作的行为规范；道德评价则变为从业者的行为是否违背了基本规范而不是讲不讲诚信。道德规范则以社会结构中的合理化和社会的公正及稳定，也就是道德的理性论证为起点；道德行为的选择以遵循共同的行业道德伦理的规范为基点。

在此基础上，提出更全面的道德要求与共同的理想化的道德。而这新的道德伦理包括两个方面的内容：基本道德规范和道德理想。基本道德规范就是对社会成员的基本道德要求，同时，这也是现代社会道德秩序的根本内容，主要由职业道德、社会伦理与家庭伦理观共同构成。道德理想是社会在发展中的目标范围，并且对社会成员的道德行为进行激励。因此，在城市化的过程中，中国的道德变化将随着社会结构和人们思维方式的变化而由"基于诚信"走向"诉诸规范"，"诉诸规范"成为职业道德。

第二节　城市化进程中外来务工人员职业道德建设的原则、目标和伦理引导

城市化进程中进行职业道德建设时应坚持的原则是在社会主义条件下对人们工作中各种道德关系的概括，是人们观察和处理各种利益关系所遵循的根本行为准则和价值取向，是在职业生涯中调节、指导和评价人们职业行为的基本道德标准，它在本质上与社会主义道德建设的基本原则是一致的。这一原则的含义概括来说，是人们的整体观念与行为的变化过程，人们在职业生涯中，要坚持社会主义的方向，正确处理职业中的群体关系，开发利用资源，创造更好的工作环境，取得理想的效益与效率，不断满足社会的需求，并为国家、社会、人民提供优质的服务。笔者通过研究中国城市化进程中职业道德观念嬗变的现象和原因，现对中国城市化进程中职业道德建设的原则、目标和伦理引导做出如下论述。

一、城市化进程中城市外来务工人员职业道德建设应坚持的原则

（一）"以人为本"原则

在中国古代，管仲是最早提出"以人为本"的学者。据《管子》记载，管仲曾在对齐桓公陈述霸王之业时说："夫霸王之所始也，以人为本。本理则国固，本乱则国危。"含义为，在霸王事业的初期，有一个良好的

开端，是因为以人民的利益为根本。若这个"本"很清晰，国家可以巩固；若这个"本"混乱了，国家将会很危险。之后，与《诗经》齐名的《书经》则说："民惟邦本，本固邦宁。"由此可见，中国古代讲的"以人为本"即"以民为本"的民本思想。其实，在不同历史时期、不同国家中，建设职业道德时坚持的原则是有差别的。我国是社会主义国家，职业道德的基本准则应当是为人民服务。服务群众是社会主义道德的核心，是为群众服务这一道德规范在职业活动中的具体应用。

第一，服务群众是职业行为的目的与归宿。服务群众作为职业行为的本质是有不同层次要求的。首先，发挥本职业和岗位的职能，不能使它失去作用。其次，熟悉并严格遵守职业的全部规则，依照岗位确定的程序办事，需要对自己的职责行为负责。最后，努力把本职工作做好的同时，保持和其他职业之间的密切合作，不能为难和要挟客户、用户。有些要求是必须做到的，做不到要受到相应的惩罚。"服务"是工作的本质特征，服务群众不仅是应当做的，也是必须做的，只要你在职业岗位一天，就应使该职业岗位的意义得以实现。

第二，为人民服务是社会主义道德建设的核心。若要建设好具有中国特色社会主义的文化，必须要坚持为人民服务、为社会主义服务的理论指导，坚持人民的利益和愿望高于一切，从而满足人民丰富的、健康的精神需求，以此来激发人民群众建设社会主义的决心、动力与积极性。[①] 在领导人看来，全心全意为人民服务是中国共产党的根本宗旨和优良作风，"为人民服务是社会主义道德的集中体现"，也是社会主义权力道德的最基本原则。

第三，为人民服务是尊重群众的前提。人民群众是创造我们事业的根本力量，我们的一切都是人民群众给予的。我们每位职业劳动者都应当感谢人民群众、尊重人民群众。正是有了无数普通群众的需要，才有了我们正在从事的职业活动。因此，群众是我们的衣食父母，只有尊重群众，才能不怕麻烦，才能改变那种看不起群众、看不起普通百姓的状况。

第四，为人民服务是方便群众的实际表现。服务群众是具体实在的事，不能搞形式主义、摆花架子。服务群众不能仅仅满足于出满勤、干

---

① 唐凯麟，王泽应. 20 世纪中国伦理思潮 [M]. 北京：高等教育出版社，2003：275-277.

满点、出正品等，还应时时刻刻想着怎么便利群众。为此，可能要牺牲一些休息时间，义务做一些事。

第五，为人民服务是努力提高服务质量的动力。服务群众的岗位不同，但是其宗旨唯一，就是要尽职尽责、全心全意，以人民为中心，就是人们在工作中从维护群众利益出发，以为人民服务、满足人民合理的需求为各项工作的中心，并且将人民至上、一切为了人民的需求体现在服务中，将人民利益与集体利益有机结合起来，使人民在被服务中得到全方位的人文关爱。

显然，各行各业都应该由自身特定的道德规范来约束。但是在每一个道德规范的背后都存在着原则的把控。换句话说，职业的行为准则所呈现的内容要包含它的社会地位、社会权利、社会职能和社会义务，这样可以更有效地将社会的整体利益与行业内部的效益保持一致。为人民服务原则集中体现了马克思主义思想的结晶，包括世界观、价值观和历史观，它对于中国共产党而言，不仅仅是一面旗帜，还是推动党建设的理论依据，并明确了社会主义国家价值观的核心内容。

在城市化的发展进程中，为人民服务的原则，其理论核心就是以人为本的发展原则。"任何一种解放都是把人的世界和人的关系还给人自己。"[1] 以人为本的核心内容包括两层意义：一是被定义为物质层面上的，具体来说，是将人归于主体，不能划分到附属物中；二是基于社会发展层面考虑的，它的根本点在于广大人民群众的共同利益。[2] 具体是指，每一个人都可以享有社会发展的成果，都有权得到社会共同的认可。显然，第二点与社会公正有着必然且直接的联系。因人类的种属尊严亦即人类本质，是无论如何也离不开每个人的贡献的，"全部人类历史的第一个前提无疑是有生命的个人的存在"[3]。同时，这也就是人类种属尊严的存在，特别希望每一名从业者都可以具有种属尊严。事实上，这里所说的种属尊严可以表现为社会职业者享有的最基本的社会权利。当然，社会只有真正做到对每一名城市外来务工人员的权利都能尊重和保护，个人对社

① 马克思，恩格斯.马克思恩格斯全集：第 1 卷 [M].中共中央马克思恩格斯列宁斯大林著作编译局，译.北京：人民出版社，1956：443.

② 梅萍.论利益均衡与伦理和谐 [J].道德与文明，2010（6）：135-138.

③ 马克思，恩格斯.马克思恩格斯选集：第 1 卷 [M].中共中央马克思恩格斯列宁斯大林著作编译局，译.北京：人民出版社，1995：67.

会所做的贡献才可以获得更多的肯定与发展。这实际上也是为社会更好地向前发展提供原动力。

在世界经济全球化的发展中，随着城市化的推进，中国的城市正在丧失"人情味"，需要进行"以人为本"的重构。一个国家和民族的城市化发展坚持"以人为本"是非常重要的，劳动者之间应建立起团结互助、相互关心、友爱相处的新型关系。[①] "我为人人，人人为我"是社会主义"以人为本"原则所要求的社会成员的行为。在社会生活中，任何人都应该关心和帮助别人，也总希望得到别人对自己的关心。社会主义时期的"以人为本"原则表现在处理国家和人民之间关系上[②]，强调同情、关心、爱护、帮助他人，在职业中建立团结、互助、有爱的新型关系。

无须否认，在现代市场经济高速发展的今天，人们的社会地位及经济水平在不断提升，但是不能因此而放松对每个人的基本权利与义务的要求，特别是对社会地位相对较低的群众。社会的发展需要由不同阶层的人去共同努力，一旦这种努力产生不和谐的因素，那么社会的发展也不可能均衡。

（二）集体主义原则

社会主义市场经济条件下的道德建设，核心内容是为人民服务，因此在这个过程中要坚持集体主义原则。而这也恰恰证明了社会主义市场经济的发展需要为人民服务的道德评价进行监督，并相互发展。这是从社会主义本质出发所必然提出来的道德要求，其在整个道德建设中处于核心位置。社会主义职业道德建设原则是从我国尚处于社会主义初级阶段这一基本国情出发确立的，针对现实社会中存在着不同觉悟程度的人，从而提出了不同道德层次的要求。集体主义应表现为集体利益远远高于个人利益。但是在保障集体利益的基础上，也需肯定个人利益的存在性与合理性，从而实现个人、集体、国家三者利益的统一。事实上，它的实质为正确处理集体利益和个人利益之间的关系。因此，尽管职业活动千差万别，但是每个劳动者都应用职业道德规范自己的行为。

① 李承贵. 当代公民道德建设的发展方向 [J]. 探索与争鸣，2002（2）：46-48.
② 杨柳，徐新. 公民道德建设以人为本的深刻内涵 [J]. 理论月刊，2002（12）：52-54.

在社会主义制度下，集体利益代表着国家与社会的整体利益和长远利益，相对地，个人利益则代表局部利益和眼前利益。因此，国家利益、集体利益和人民群众的利益在根本上与长远上是要保持一致的。所以，从社会主义长久的发展眼光来看，集体利益和个人利益在根本上应该是一致的。集体的利益和需要同时也是集体中每个成员的根本利益和需要，维护集体利益同时也是维护每个成员的根本利益。但是这绝不是说两者之间没有矛盾。相反，矛盾在职业生活中是随时发生的。这是因为，社会的集体利益从全局上、长远上代表了每个社会成员的利益，而每个人由于情况不同，在生产力水平不是很高的情况下，不可能每一件事情都令所有成员满意，这样就会导致集体利益与个人利益的矛盾。所以在进行职业道德建设时坚持集体主义原则，要努力把社会集体利益与个人利益结合起来，以促进个人与社会的和谐发展；在坚持社会主义集体利益高于个人利益的同时，立足本职，多做贡献；关爱他人，奉献社会；充分肯定个人利益的合理性，并达到两者的辩证统一。

城市化进程中，坚持集体主义原则，最要紧的是反对利己主义和个人主义。集体主义的基本原则在人们的职业生活中，具体体现为忠于职守、勤奋工作、全心全意为人民谋利益。首先，要用主人翁的态度对待本职工作。它要求劳动者处处为他人与社会的利益着想，无论从事何种职业，都要首先考虑国家和社会的整体利益。其次，要用创造性劳动完成各项任务。创造性劳动要求劳动者掌握科学文化知识，精通本职业务，想方设法提高劳动效率，提高产品合格率，这是衡量劳动者的业务水平与工作态度的重要准则。最后，要把人民的利益放在首位。全心全意为人民服务是集体主义的集中体现，它规定从业者要正确处理个人、集体、国家三者间的利益联系，并把人民的利益摆在最前面，必要时甚至要牺牲个人利益，为集体利益着想。

（三）敬业乐业原则

中华民族有着艰苦奋斗、勤奋创业的优秀传统，敬业乐业就是职业道德原则的一种体现。艰苦奋斗、勤劳创业离不开人们的职业活动。《史记》中记载："《周书》曰：'农不出则乏其食，工不出则乏其事，商不出则三宝绝，虞不出则财匮少。'财匮少而山泽不辟矣。此四者，民所衣食之原也。"正是人们在自己的职业岗位上勤奋工作、默默奉献，才创造了社会的物质财富和精神财富，推动了社会的发展。这些对我们正确理解敬业乐业原则均具有启迪意义。当前，我国公民职业道德建设要坚持爱岗敬业原则，其一，忠于职守是职业道德的核心；其二，诚信无欺是职业道德的价值取向；① 其三，精益求精是职业道德的精神诉求。忠于职守是儒家敬业乐业职业道德的基本原则，它要求人们在自己的岗位上勤奋工作，履行自己应尽的社会义务。

忠于职守，说的是"乐业"，一个人应该热爱自己的本职工作。分工是社会发展的必然产物，有了分工便有了不同职业。中国古代有所谓"百工"之说，也有士、农、工、商"四民"的划分。在自然经济状况下，这种职业划分往往带有家族传递的特征，正所谓士之子恒为士，农之子恒为农，工之子恒为工，商之子恒为商。古代士、农、工、商职业的划分，并不是代表社会的不同等级，而是代表不同职业承担的不同社会责任，它们都是社会发展所必需，不同职业的人都对社会发展做出了积极的贡献，说到底社会的一切财富都是由士、农、工、商创造的。在城市的进一步发展中，人们都从事着特定的职业。不能把职业活动仅仅看作做事、谋生的手段，而是要把职业当作事业。"有事无业，事则不经。"② 一个人是否有所作为不在于他做什么，而在于他是否尽心尽力地把所做的事做好。"成业者系于所为，不系所籍。"③ 因此，无论从事什么职业，都应当竭尽自己的全力做好本职工作，都应该有脚踏实地的朴实作风，贬斥那种"大事不得，小事不为"④ 的浮华习气，提倡干一行，爱一行，干好一行。

诚信无欺作为职业道德的重要规范，关键在于"信"。事实上，诚信在不同阶段、不同层面及不同行业的具体含义和作用是有所区别的，特别是在不同阶段所呈现的内涵还是略有不同的。在传统观念里，诚信可能更强调"诚"的作用，由于竞争意识淡薄，每个人只要做到诚心诚意，其个人的职业发展就会比较顺畅；而现代职业道德，特别是城

① 郭夏娟.城市化进程中伦理关系的变化：兼论政府管理的二元模式 [J]. 浙江社会科学，2001（1）：111-116.

② 左丘明.左传 [M].2 版.长沙：岳麓书社，2006：271.

③ 冯天瑜.汉水文化研究 [M].北京：中国国际广播音像出版社，2006：144.

④ 费孝通.乡土中国 生育制度 [M].北京：北京大学出版社，1998：57.

市化后的社会更加注重"信"的作用。① 每一个从业者都要有足够的信用、信誉来维护职业、工作的发展需求。国家一直强调的是诚信需要发展，诚信需要创新，但是诚信也需要继承。在现代职业的快速发展过程中，"诚"的作用需要重新定义。诚实可靠依旧是职业道德的基本操守。然而，要想使现代的职业道德得到更进一步的发展，"信"才是现代城市化过程中市场经济交往的重要原则之一，是市场经济条件下任何社会经济实体的生存和发展必不可少的一项道德资本。"以信接人，天下信之"，只有自己对人守信，才能获得他人对自己的信任，才能维护和扩大职业荣誉。信用是给进行职业活动的个体带来长期利益的最可靠的精神资本，同时也是市场发育的最深刻的精神资源。当然，如果在市场中有那么一部分人没有信用只有欺诈，那么社会市场的秩序始终无法做到绝对公正与公平，而这些人进入市场后就会影响市场的正常秩序。日本现代法学家川岛武宜曾指出："市民社会的经济是以商品经济的等价交换为媒介的经济。在此交换契约或买卖成为整个经济的基础。"② "诚信"成为人们用职业道德维持整个经济秩序的最重要的规范。

精益求精是忠于职守、诚信无欺和人们对职业理想、职业荣誉的执着追求的高度自觉的统一，是在更高一个层次上反映出来的敬业乐业的精神。俗话说："三百六十行，行行出状元。"任何职业都能够为人们提供发挥自己聪明才智的领域，都能够做出令人瞩目的成就。但是要真正成就一番事业，就得付出艰苦的劳动，自强不息。朱熹在《答许顺之》中提出："天下事无不可为，但在人自强如何耳。"精益求精就是自强不息的民族精神在职业活动中的体现。《礼记·大学》中说："苟日新，日日新，又日新。"这是儒家崇尚日新之德，它在现代社会中依然起着激励作用，鼓励从业者在职业活动中发展自己、完善自己、实现自己的价值，紧追时代的步伐，勤研精思，广收博采。

（四）公平公正原则

在城市化进程中，无论是国际社会发展的不平衡、国内社会各阶层

① 包玉娥.城市现代化建设中的市民素质教育 [J].江苏社会科学，1999（1）：168-171.
② 川岛武宜.现代化与法 [M].申政武，王志安，渠涛，等译.北京：中国政法大学出版社，1994：26.

利益的不协调，还是人们心理的失调与社会的失序，无不与公正缺失有关。公平公正是人类社会走向和谐必然的伦理诉求。只有当社会建立起了日益完善的公平公正原则，人的现代化建设才能获得坚实的社会基础；[①] 只有每个社会成员都遵守公正的生活准则，物质文明、精神文明和政治文明建设才具有源远流长的内在动力。

坚守分配正义，走出按劳分配的现实道德困境。中国社会平衡和谐的基础是在政治经济制度安排和社会经济活动中实现分配正义。按劳分配讲求的是量化制，正所谓多劳多得，少劳少得，不劳不得。可以说，人们通过自身的努力，把物质所得与群众的积极性紧密联系在一起，提高了人们劳动的效率，也极大地促进了社会的发展。但是有时我们也要注意分配制度是否与机会的均等性保持一致，否则很难去衡量该制度的公平性。"如果劳动是不对等的，那么即使再平等的权利也属于不平等。因为它没有反映出阶级的差别，而且每个人都一样，只是单纯的劳动者，但它认同的是，劳动者之间存在着不同的天赋和才干，致使工作能力也会有所不同，这属于我们自己专属的权利。所以从它的内容上分析，它和其他的权利是一样的，是一种无法弥补的不平等的权利。"[②] 由此便知，按照劳动去分配看起来很公平，但是它也是建立在不同的天赋、能力、知识、阅历等因素的基础上完成的，不可能做到真正的社会平等。目前，按劳分配原则已在现实生活中遇到诸多挑战，劳动者在劳动初期会有一些不平等待遇，地位也随之不一样。除此之外，现代的劳动体系趋于复杂化，精密度相当高，劳动者的就业机会是稀缺的，而这些状况也使得无法对劳动的尺度进行真实准确的评价，而且通过劳动所得的价值与应得的价值也不能完全对应。所以，为了在社会经济中有效、公平地贯彻实施按劳分配原则，有的学者特别提出了走出按劳分配现实困境的几种道德原则，包括平等的原则、效益的原则、补偿的原则和贡献的原则。[③]

坚守道德正义，创设和谐社会的精神文明。建立一个和谐的社会，

---

① 李萍.日本人的公共生活规则 [J].道德与文明，2001（2）：47-50.

② 马克思，恩格斯.马克思恩格斯选集：第 3 卷 [M].中共中央马克思恩格斯列宁斯大林著作编译局，译.北京：人民出版社，1995：305.

③ 李建华.法治社会中的伦理秩序 [M].北京：中国社会科学出版社，2004：366-368.

使社会的政治、经济、文化制度更具有公平性和公正性。事实上，在具体操作的过程中，如果我们要彻底改变现状，就必须依靠正确的道德观念进行指引。[①] 这也恰恰是如今的职业道德所欠缺的。道德的正义基本表现为从道德的意识中寻求正义的力量。[②] 事实上，职业道德的体系中，应该有正义原则，它的任务主要是使每一个人在享受社会给予的平等的权利的同时，也要履行对社会的义务，而这种义务的履行也应该是平等的。更深入地分析，道德的正义应该包括四个方面的核心内容：第一，平等原则，即人格上的平等，社会权利与义务上的公平和财富上的均衡。这样的平等将会使人们更加公平地看待人和事。第二，自由原则，即在相对的范围之内，每一名从业者不要干涉其他人行使权利与承担义务，同样，也不会被其他人所打扰，从而使每一个人能够在宽松的氛围内发挥自己的作用。第三，应得原则，即"给人以其应得"原则，这一原则既意味着自己的应得有获得兑现的必要，他人的应得也有获得兑现的必要，两者在道德上是等值的；也意味着每个人应得之善（利益）和应得之恶（损失、惩罚）都应该兑现。[③] 第四，个体原则。其主要表现是个人需要认识到自己所承担的社会责任、价值、权利和义务，在个人完成自己的责任时，也要肩负起社会赋予他的责任。正义的道德标准是道德实现公正化最直接的原因，有道德的人在社会上会被广泛认可，否则会受到相应的惩处。

法律正义是实现公平正义、维护社会和谐的最后屏障，要构建社会主义和谐社会，建设法治文明，立法、执法和司法公正就成为人们所追求的永恒价值。就立法而言，法律公正就在于追求法律正义。亚里士多德认为："法治包括两方面内容：其一是通过遵守法律使人们进行认同，其二是我们所要遵守的法律，其本身必须具有合理性、正确性与公正性。"[④] 也就是说，良好的法律是法治的前提。他主张对国家实行法治，目的在于促进所谓"正义"和"善德"，以谋求城邦的"长治久安"。"城邦是需要通过正义来维护的。从正义衍生出的礼仪，可以用来判定人们

① 杨清明，刘敢新，游滨.对公民道德建设的时代阐释[J].探索，2002（4）：90-91.
② 陈业林.构建和谐社会的伦理抉择：正义[J].江苏省社会主义学院学报，2006（2）：36-38.
③ 杨清明，刘敢新，游滨.对公民道德建设的时代阐释[J].探索，2002（4）：90-91.
④ 亚里士多德.政治学[M].吴寿彭，译.北京：商务印书馆，1965：199.

在行为言语上的是非对错，而且正义恰恰是使社会秩序更加稳定、繁荣的基础。"[1] "良法""善法"都必须是体现公众意志的、具有正义价值的法，国家在制定法律时，必须以追求正义为目的，坚持权利来源正当、立法过程民主、立法程序合法；就执法而言，法律公正就在于维护法律正义。正义的法必须在执法过程中得到正义的维护，只有这样才能真正实现法律公正。培根曾经有过这样的观点："一个不公正的判决（司法）比多个不合法的行为危害更大。不合法的行为：是弄脏了水流而不公正的判决污染了水源。"[2] 司法不公必然会带来司法腐败，司法腐败又加剧了社会不正之风，破坏了社会公正。司法公正在整个法律运行制度中处于枢纽地位，做到司法公正，就要坚持执法公正、法律解释正确、司法程序正当。

二、城市化进程中城市外来务工人员职业道德建设的目标

职业道德是从业人员在职业生活中应该遵循的道德规范和行为准则。职业道德是随着社会分工和职业的出现而产生的，古往今来，各行各业为适应生存和发展的需要，都要根据本职业的工作实践，概括、提炼出一些明确的道德要求，用以教育、约束业内人员，协调、适应行业外部社会关系。有关职业道德的一般要求为：在岗位上忠于职守，乐于奉献；在职业态度上实事求是，不弄虚作假，不许有欺骗行为，应诚信无欺；在从业过程中依规范行事，严守秘密，精益求精；为人民服务的过程应公正透明，服务社会等。这些职业道德涉及了人性与道德、个人与社会、人与人、人与自身等四个方面的内容，根据涉及的不同对象，可以从四个方面对从业者的行为提出职业道德建设的目标。

（一）人性与道德方面：确立城市外来务工人员职业道德意识，树立职业精神

道德源于人性，是人生存斗争的一种手段，是人与人之间的利益冲突的直接结果。人首先是一种自然存在物，在生存资料匮乏的条件下，为了解决温饱问题，利益之争是不可避免的，道德也就应运而生了。因

---

① 亚里士多德.政治学 [M].吴寿彭，译.北京：商务印书馆，1965：9.
② 培根.培根论说文集 [M].水天同，译.北京：商务印书馆，1983：193.

此，"应当说，一切道德规范都出自人性的需要和追求"①，人性是道德产生的"根"，道德本身反映了人与人的关系、协调的是人与人的关系②，不懂人性，不理解人，就无法识别善恶，也就够不上谈论道德，更不用说进行职业道德教育了。追求德行是人的一种自由自觉的智慧实践，是人类自由自主的发自内心的一种永恒的意志精神。所以，树立敬业精神、为人民服务意识、从业态度的精神，是社会城市化发展趋势以及道德教育现状发出的迫切呼唤，是人的本性使然，也是职业活动的内在要求，更是人们基于对一件事情、一种职业的热爱而产生的一种全身心投入的精神，是社会对人们工作态度的一种道德要求。

首先，要树立敬业精神。马克思指出："人直接地是自然存在物。人作为自然存在物，作为一种具有生命力的存在体……具有一定的活力与感染力。"③作为一个自然的有生命的物质，人和动物一样都是具有一定的生理机能的，也都具有一种以本能的需要为根本的对食物、性和自我保护为欲望的三种基本功能。人是从动物演变过来的，这是无法更改的，所以，人类还是有一定的兽性的。因此，我们无法从根本上改变这种状况，只能尽量克制自己的野性，并且将人具有的特性显现出来。而人与动物最根本的区别就在于人在进行社会活动与社会交往时能被社会生活制约，正确看待人们所从事的行业和职位，这是对人们要具备的"责任、权利、义务"最好的检验，是对行业本身在社会中的价值的认可，是职业道德的核心精神。当然，若没有得到人们的认同，从业者就不会有相应的敬业态度。所以，职业道德的评判标准需要在职业认同理念的基础上构建。

其次，要树立为人民服务的意识。城市外来务工人员职业道德规范的核心内容是服务人民、奉献社会，它所体现的是一种新的世界观、价值观和人生观。在城市化进程中城市外来务工人员的职业道德价值观念应冲破传统的束缚，不应再局限于封闭保守、自给自足的小农观念，应依据社会主义市场经济条件的变化而更新观念，应以市场需要为趋向。

① 戚万学.冲突与整合：20世纪西方道德教育理论[M].济南：山东教育出版社，1995：51.

② 马克思，恩格斯.马克思恩格斯选集：第1卷[M].中共中央马克思恩格斯列宁斯大林著作编译局，译.北京：人民出版社，1972：72.

③ 赵世鸿.论人性与道德教育的人性化[J].思想教育研究，2004（6）：8-10.

此外还应将城市外来务工人员职业道德的要求放入更加全面、更加具体、更加科学的为人民自身的利益的服务中来。从业者的职业应该以社会进步、经济发展、生活富裕和满足社会需要为目标，也就是以市场为目标。新的职业价值观还应摒弃以高低贵贱划分职业的旧观念，[①] 认识到各个行业的劳动人员只有社会分工的区别，并无职业高低、贵贱、尊卑的差异，每一种职业都必须有人来完成。特别是在社会这个大家庭中，无论缺少了哪一部分，或者哪一种职业出现了问题，都会对整个社会产生不良影响。

最后，要有从业态度的精神。从业态度，即持之以恒的稳定的工作态度，包括勤勉工作，笃行不倦，脚踏实地，任劳任怨。时下关于职业道德水平下降的议论屡屡见诸媒体。论者多以过去社会清明、道德高尚与今日对待本职之敷衍了事、拜金主义、缺乏敬业精神等现象做比较，并以加强道德教育、注重精神文明或者"两手都要硬"之类为出路。职业道德的沦丧已经成为现代社会最主要的矛盾之一，如收取额外利益的医生，不务正业的教师，得过且过的政府官员，歌星、球星造假现象，城市外来务工人员的子女在城市无法得到社会和教育的服务等，[②] 这些现象进而影响劳动力向城市迁移，并引起公众的普遍不满。但是，从另一方面来说，在社会中出现的那些违背了职业道德的行为又体现了社会制度的不完善，从某种意义上来说，这些行为的发生对于社会制度本身具有纠错性与反思性。就像教师改行一样，从另一个角度也说明了社会对于该行业的忽视，或者社会价值与实际收入的不对称等现实问题。特别是近些年教育制度一直在不断改革，为的就是避免教师过多流失，避免使该行业的生师比严重不平衡。当然，还有科研人员对待工作的不专一，这些都是职业道德水平低下造成的。因此，在城市化进程中，要使城市外来务工人员确立职业道德意识，树立职业精神，并具有良好的从业态度。

---

① 英格尔斯.从传统人到现代人：六个发展中国家的中个人变化[M].顾昕，译.北京：中国人民大学出版社，1992：116.

② 孙世强.经济人人性演化、跃进与制度构建[D].长春：吉林大学，2006：31.

（二）人与社会方面：加强城市外来务工人员职业道德建设，构筑和谐社会

在现代生活中，所有的职业都是相互关联的，不同职业的从业者互相协作，形成了一个很庞大的网络，而这个网络就构成了社会。每一名从业人员都将会是这个网络的纽带。[①]虽然职业的分工有所不同，但是若每一名职业工作者都能够按照各种行业的规定去待人处事，那么社会就会变得非常和谐，大家相互尊重，相互帮助，必然也会使社会的道德环境得到进一步改善。[②]职业道德也具有另外的功能，如提高就业人员的道德意识，特别是刚刚步入社会的毕业生，使他们的人格可以逐步成熟，并且指导他们树立正确的价值观与目标，使他们养成良好的生活习惯。职业道德的建设需要有一个机制作为平台。职业道德建设不能只依靠社会成员的自律，还有必要在原有自律的基础上，加入社会监督的环节。社会是一个大的集合概念，它需要各个方面有机的统一与协调，只有这样才能更好地发展，特别是对人际关系的处理问题。因此，妥善处理好人与人之间的交往问题，是构建和谐社会的重中之重，一个人在家庭之外的职业活动中还需要和社会上更多的其他组成成员交流，其中包括朋友、同事以及各种形色的不同人群。社会中，各种职业的关系随处可见，它涉及的面比较广，对群众的影响也比较深刻，是其他社会中的人际关系无法替代的。所以，职业道德成为人际关系间的桥梁和调整利益链的标准，并且在社会的建构上发挥着至关重要的作用。

加强对职业道德的建设，可以有效促进社会主义道德观念的推广与普及。首先，将为人民服务理念深入人们的道德观念中，把集体主义作为职业道德教育的核心内容，树立正确的世界观、人生观和价值观。其次，要全面开展对爱国主义思想的教育，让职业道德的培训内容与爱国、爱党、爱人民的思想紧密联系在一起。最后，加强对社会主义市场经济的学习，了解现今市场的经济发展规律。

法制的完善，会使职业道德更加明确。在各个行业进入社会之时，

---

① 张鸿雁，陈俊峰.中国民族地区城市化发展战略与对策创新[J].社会科学，2004（6）：64-74.

② 张慧利，肖素娟.构建社会主义和谐社会要加强职业道德建设[J].经济论坛，2007（5）：1.

也会定下具有奖惩措施的条款，这些条款有的也被赋予了法律意义。应该说，法律是道德建设的坚实后盾，道德一旦没有法制的保护，那么它在维护时将会遇到空前的挑战。法律的初衷就是希望通过一些强制的手段使人们习惯于道德的约束，进而自觉遵守。所以说，如果想真正构建好职业道德的机制，还要经历一段艰巨而复杂的旅程。因此要在马克思列宁主义、毛泽东思想、邓小平理论、"三个代表"重要思想、科学发展观和习近平新时代中国特色社会主义思想的指导下，着眼于对各个行业的职业道德建设的培养，共同构建和谐的社会。

（三）人与人方面：构建城市外来务工人员和谐人际关系，提高道德水平

随着城市化的不断发展，城市外来务工人员的行为渐渐处于一个传统文化行为的丧失、变异的状态，新的行为文化以多元化的形式呈现在社会环境之中，社会成员的行为缺乏整体规范，出现了大量的社会失范和越轨行为。一个人处理职业活动中的人际关系，"仁、义、礼、智、信"的道德标准是最基本的行为准则和个人修养，并且贯穿其整个道德生活。

"仁"是处理人际关系的情感要求。"仁"是指人与人之间的相依相耦，独则无耦，耦则相亲，可以说"仁"就是要求人们以人为人，相亲相爱，处理人己关系时关心人、爱护人、帮助人。社会成员不能任凭自己的好恶标准来调节人际关系，更加不能以个人利益为取向来接人待物。如果人们都能扩充自己的爱心，与人交往的时候将心比心，多为他人设身处地地着想，那么，这个社会就会洋溢博大的爱，就会形成和谐、健康的人际关系。

"义"是处理人际关系的价值标准。朱熹说："义者，心之制，事之宜也。"这里所说的"义"是人的内在道德，是行为主体的道德理性。义除了调节人际关系的价值外，还可以正人。它要求人们在职业活动中处理人际关系时首先要严格要求自己，但并不排斥以义为标准评价他人的行为。这一道德取向说明人们在个人生活以及与人交往时应该与社会上一切不道德的现象做斗争，反对随波逐流，反对做"老好人"。只有这样，人们才能积极、主动地树立正确的道德价值观，并把立身行事的根本作为职业实践中的道德要求。

"礼"是处理人际关系的行为模式。孔子说："礼之用，和为贵，先王之道斯为美。"和，即是礼的内在精神价值。礼是关于人际秩序及其相应的行为模式的规定。在城市中经济作为一种社会化的交换，是通过"礼"的规范进行的，它要求人们在职业活动中的视听言动都要合于"礼"，以通过"礼"的规范来实现人与人之间的和谐以及整个社会的和谐秩序。"礼"要求人们在职业活动中自觉地遵守道德规范，以构建良好的道德关系与和谐的社会秩序。

"智"是处理人际关系的知性原则。所谓"智"，在儒家道德思想中主要是指道德的认识和道德理性，孟子把它确立为"是非之心"，即人们在职业活动中的人际关系处理中有判断是非善恶的能力和观念，它是儒家强调的处理人际关系的理性原则。也就是说，人们在职业活动中要明确什么能做，什么不能做，什么是善，什么是恶，应该树立正确的职业道德观念，这样才能更好地在职场中自主地做出正确的道德判断。

"信"是处理人际关系的精神纽带。信从人从言，本指人所说的话，许下的诺言、誓言，故常常与"忠、诚"组成"忠信、诚信"。作为道德范畴，它的核心内涵是真实无妄，即对某种语言、信念、原则发自内心的忠诚。信与不信便成了人际交往及其和谐的基础问题。在职业活动中，信则人际关系和谐，不信则不利于人际交往。因此，要想处理好人与人之间的关系，就应该坚持信的道德标准。

由此应该加强伦理引导，构建人与人之间的和谐人际关系，提高城市外来务工人员的道德水平。

（四）自身方面：帮助城市外来务工人员树立正确的职业目标，培养职业态度

随着城市社会的不断进步，企业机构与其他单位对人才的要求越来越严谨，特别是对城市外来务工人员的要求越来越高，并且本身对自己的员工也提出了新的标准，除了要熟练掌握文化知识和专业技能之外，对职业情感与态度的要求更为专业，并且更注重其对职业的热爱程度和职业素养。

培养城市外来务工人员良好的择业态度。相对良好的工作环境和生活背景是现代城市外来务工人员在一定程度上摆脱生存压力和家庭负担的

现实基础。然而，完善的市场经济的运作和现代的城市生活文化，使得城市外来务工人员对于职业的选择表现出了更加渴望舒适的环境和良好发展的倾向。但是，大多数外来务工人员向往城市。他们认为城市是实现就业梦想、改变生活方式的地方。随着国家政策的调整和农村的发展，城市外来务工人员的生存和温饱问题已经解决。他们对工作的期望值越来越高，并不仅仅限于将工作作为一种单一的赚钱工具。员工通过职业流动的方式，对管理层进行施压，以此来改善自己的工作环境、提升工作福利待遇和扩展职务发展空间。换句话说，在择业中，城市外来务工人员不但要考虑工资待遇，同时也要把视线放得更长远一些。比如，对于职业的发展前景，对于被尊重程度，对于工作中的环境与条件等都需要进一步斟酌。可以说，如今的城市外来务工人员对于工作的需求更具主动性。这种流动特征表明城市外来务工人员在城市化进程中想获得更多发展机会，也是他们追求经济地位的一种表现。从城市进程来看，城市外来务工人员的择业观念已经由"生存型"转变为"发展型"。事实上，城市化的快速发展，使得人们对于择业的要求更加主观，每个人都有自己的选择标准。但是，城市化的快速推进使得企业间的竞争更加激烈，企业的生存压力增大，对于员工的要求变得更高。因此，城市外来务工人员在择业的过程中，要注意对自身权利的保护，看重职业发展前景和自身的发展空间，但是也应避免理想主义，及时调整就业期望值，不刻意追求最满意的结果；避免从众心理，一切从自身的特点、能力和社会需要出发，不与他人攀比；不怕挫折；不消极退缩，采取积极的态度，勇于向困难挑战，克服自卑、胆怯的心理，树立自信心，培养敢于竞争的勇气。

培养城市外来务工人员勤业的态度。我国大多数城市外来务工人员就业主要集中在城市的非正规部门，就业市场的低端处境带来工作的不稳定，导致其融入社会缺乏经济基础，最终难以对城市生活产生稳定的预期，对待工作也时常出现旷工、消极的现象。其实，这并不利于城市外来务工人员融入城市。当然，通过稳定的就业、有保障的就业，提高流动人口在劳动力市场中的地位，增强他们融入城市经济的能力可以有效地促进他们对待工作的积极性。[①] 换句话说，城市外来务工人员在城

① 任远，邬民乐.城市流动人口的社会融合：文献述评[J].人口研究，2006（3）：87-94.

市打拼的过程中，对城市生活本身具有一定的人力资本再生产的意义。[①]
社会的城市化需要劳动力市场的融入。据文献资料的记载与说明，部分
城市外来务工人员对自己该尽的责任与义务并不是很清楚，一部分城市
外来务工人员在进行商业活动或者进行业务操作时，被指责严重缺乏道
德观念，并且在工作的过程中，很难做到诚实守信，不能按时履行经济
合同，偷税漏税，偷工减料，制造劣质产品，缺斤短两，严重搅乱了经
济的正常秩序，并且缺乏基本的诚信观念。当然，在这些违反职业道德
操守的问题中，首先要端正的是对待工作的认真态度。在保持出勤率的
基础上，提升自己对待工作、对待职业的热情，这将大大帮助从业者提
升自己的职业地位。

　　培养外来务工人员乐业的精神。马克思指出，人们的社会存在决
定人们的意识，"不是意识决定生活，而是生活决定意识"[②]。所以人们
通过一份工作，追求一个最终的目的，这个总目的是人们的价值目
标，这也是人们在具体的社会实践中的一个总的意向，是对职业道德
观念的认识、感情、意志和信念的一种表现，也是职业道德观念的一
个特征。在工作中的目标和规范会给人们带来一定的压力和挑战，如
职业的义务和责任、技能的要求、制度的约束、效益和利益的选择、
企业的形象等，道德意识和道德活动的价值目标会渗透到人们的全部
行动过程中，这以人们在职业中对利益的理解为前提。一个人在工作
岗位中要有乐业精神，不管他追求什么，从中能找到工作的快乐，是
人生中的最大意义和乐趣。如果一个人只是把工作当作养家糊口的途
径，那么他在工作时就会非常痛苦，更谈不上职业给他带来乐趣和价
值。人们在职场中都有自己的岗位，"不论职位大小，都是人们的勤务
员。"[③] 不论身处什么岗位，高的低的、大的小的、好的坏的、在城市
或农村，任何人都要热爱本职工作，热爱工作就会在工作中克服困难，
就能在劳动中体验到辛苦而又快乐的滋味。所以，乐业精神的表现是

① 曾旭辉．非正式劳动力市场人力资本研究：以成都市进城农民工为个案 [J]．中国
农村经济，2004（3）：34-38.

② 马克思，恩格斯．马克思恩格斯选集：第 1 卷 [M]．中共中央马克思恩格斯列宁斯
大林著作编译局，译．北京：人民出版社，1972：31.

③ 徐勇．基层民主：社会主义民主的基础性工程——改革开放 30 年来中国基层民主
的发展 [J]．学习与探索，2008（4）：1-6.

人们在职业中树立正确的人生理想目标，并把"为人民服务"落实在自己的职业岗位上，诚实工作，敢于面对职场上的挑战和困难，并战胜它，超越它，不能只是喊喊口号而已。总之，社会主义职业道德建设中的乐业精神，其内涵囊括高度的职业责任心和权利，高尚的职业尊严和荣誉，目标明确的事业心和成就力，以及实事求是、艰苦奋斗的职业操守、信条等，并通过遵守行规、爱岗敬业的职业态度和职业行为体现出来。

三、城市化进程中城市外来务工人员职业道德建设的伦理引导

（一）城市外来务工人员扬弃旧有的生活与行为方式需遵循正确的择业原则

随着社会的快速发展和城市化的不断推进，社会主义市场经济亦随之不断发展。特别是与从前相比，新的职业种类的大量出现，无疑扩大了城市外来务工人员的择业范围。与此同时，在新的竞争机制下，城市外来务工人员如何选择职业，如何使自己的才华得到百分之百的发挥，是摆在每个城市外来务工人员面前的一个非常现实的问题。

1. 正面引导：城市外来务工人员应适应社会需要的择业原则

城市外来务工人员在职业选择中不能因个人的选择目标，错失在社会中大显身手、开拓前进的大好机会，而是要把社会需要作为选择职业的出发点，把个人意愿和社会需要结合起来、统一起来。城市外来务工人员在择业时应始终坚持职业岗位符合社会需要的原则，当个人利益与国家利益、集体利益发生矛盾时，要自觉地适应社会需要，到祖国最需要的地方去建功立业。马克思主义认为，社会需要决定和制约着个人需要，同时又为个人的发展提出奋斗目标。正如马克思 17 岁时在他的中学毕业作文考卷中所写的那样："当选择职业的时候，我们要遵照的主要方针是人类所追求的幸福和我们自身所要达到的完美……我们在工作时，只有为同时代人的完美，为同时代人的幸福而努力，才能让自己真正得到

完美。"① 在现实条件下，由于主客观多方面因素的复杂作用，要达到个人选择与社会需要的完美统一确非易事。每个人对职业都怀有很多的期望，期望得到较高的报酬、优越的地位、社会的尊重，或者一展宏图的机会等。但是社会对人的需要是随着社会生产力的发展变化而不断变化的，这种变化往往是难以预料的。这样在职业选择中就不可避免地会产生个人的选择与社会需要之间的矛盾，使得一部分人很难顺心如愿。在此情况下，牺牲个人选择而适应社会需要毫无疑问是一种明智的选择。这并不意味着对自我的压抑和对自我价值的牺牲，因为选择职业的个人完全可以在新的基础上更新、调整自己，使自己的选择与社会需求趋向新的一致。这样不但有利于社会的发展和进步，还会促进个人的进一步完善。

2.选择路线：城市外来务工人员应发挥个人优势的择业原则

城市外来务工人员个人的基本条件是每个人在选择职业岗位时必备的素质。所谓发展自身优势，就是要找准自己的优势和长处，选择最能发挥自身专长的职业，这也是我们选择职业过程中要充分注意的问题。世界上没有无所不知、无所不会、无所不能、无所不精的人。因此，要真正做到扬长避短，发挥自身优势，必须做到以下几点：第一，发挥自己的专业特点。在选择职业时，一定要从自己所学专业的特点出发，做到学以致用，充分发挥自身的优势。第二，展示自己的能力所长。根据自己的能力所长选择职业岗位，既是胜任工作的需要，也是发挥个人最大潜力进行创造性劳动的需要。第三，考虑自己的兴趣。兴趣是指一个人力求认识、掌握某种事物，并经常参与该种活动的心理倾向。在职业选择过程中，兴趣的作用是不可忽视的。经研究证明，如果个人对自己所从事的工作拥有足够的兴趣，那么他就可以发挥其全部才能的80%～90%，并且能够长期拥有较高的效率而不感觉疲劳，否则就只能够发挥其才能的20%～30%。古今中外，许多在事业上卓有成就的人，都是致力于自己感兴趣的事业而获得成功的。职业兴趣是人生广泛兴趣的第一兴趣，是积极地、富有创造性地努力工作的关键。任何人，只要他对从事的职业活动有兴趣，他就能高效率地、创造性地完成工作；相反，一个人如果对其从事的职业不感兴趣，那么不要说创造性地去从事

---

① 马克思，恩格斯.马克思恩格斯选集：第 40 卷 [M].中共中央马克思恩格斯列宁斯大林著作编译局，译.北京：人民出版社，1972：175.

工作，就是一般地完成任务都是很困难的。

3. 确定志向：城市外来务工人员应利于长远发展的择业原则

我国市场经济体制的进一步发展和完善，为许多城市外来务工人员的就业提供了更为广阔的创造领域和极为有利的环境条件，但也对从业者的从业标准有了更高的要求。这就要求城市外来务工人员针对自己的职业，展开职业规划。职业选择对实现个人的人生价值具有重大意义，因此城市外来务工人员在选择职业时不应该只看到眼下利益，而不去看今后的发展前景；不应该只想到暂时的危机，而不去看未来的发展轨迹；不应该只享受暂时的安逸，而不去管个人事业的追求。城市外来务工人员必须要站得高，看得远，拓宽视野，厘清思路，找准社会发展与个人能力发挥的最佳结合点，把握职业选择的主动权。

4. 制定计划：城市外来务工人员应主动参与竞争的择业原则

从近几年就业形势情况来看，下面几种类型的城市外来务工人员最受社会各界欢迎：一是具有吃苦耐劳精神的人。俗话说：一分耕耘，一分收获，不付出艰苦的劳动，便无法得到社会的承认与尊重。事实证明，艰苦奋斗、吃苦耐劳的精神是一个人事业成功的基本要求。二是有事业心和责任感的人。事业心和责任感是城市外来务工人员职业道德的最起码要求。事业心和责任感就是要把注意力放在事业上，能与所在单位同甘共苦、荣辱与共。三是专业技能扎实的城市外来务工人员。虽然各个用人单位对人才素质的要求不同，但普遍欢迎基础扎实、知识面宽的城市外来务工人员。从现代科学技术的发展来看，城市外来务工人员仅有一些专业知识显然是很不够的，工作后还需要好好学习专业技术，这样才有较强的后劲和适应能力。随着城市化的发展和各项改革的进一步深化，竞争机制已经渗入社会的各个领域和人生的整个过程中，同时也冲击着人才就业市场。在城市外来务工人员的就业过程中表现为竞争使得原来的"皇帝的女儿不愁嫁"变为"自己找婆家"，即竞争使人们增加了紧迫感、危机感、责任感。

（二）城市外来务工人员接受现代工业和城市文明的熏陶需提高职业道德建设的实效性

城市化进程中出现新的社会矛盾，挑战人们的传统价值观。为此，在城市化进程中不仅要从经济、政治、文化等方面针对城市外来务工人员和城市公民两者构建出均衡发展的制度，而且需要加强城市外来务工人员职业道德建设，凝聚起社会力量，促进社会的全面发展，为建设社会主义提供制度支持和精神支持。

1.思路：正确处理好城市外来务工人员职业道德"大"与"小"的关系

"大"主要是指从大局观的角度来看城市外来务工人员职业道德建设，抓住事物的主要矛盾，即根本，并且适用于社会主义经济发展的需要。[1]"小"主要是指城市外来务工人员职业道德在建设中的细节之处，和容易被忽视的关键点。从宏观来说，城市外来务工人员职业道德建设要围绕社会主义经济制度进行，并努力使两者有效地结合在一起，成为新时代职业道德规范内容的核心思想。在这里要强调两点：第一，要在市场机制下挖掘职业行为新的道德规章。无须否认，市场经济本身就具有功利性、竞争性和交换性的特点，这些特性使人们在经济活动或者商业活动的过程中都尽量追求利益的均衡，竞争的平等以及物品或者资金交换的公平，并且使职业道德逐步走向正规。第二，要与我国的政策保持一致，时刻要以为人民服务为指导思想，以集体主义为理论依据，以"五爱"的思想为行动指南。

2.方法：正确处理好城市外来务工人员职业道德"内"与"外"的关系

城市化进程中城市外来务工人员职业道德建设方法中"内"，就是"内省"和"自律"；"外"，就是外部的教育和引导。在如今的社会生活中，经常会有不讲职业道德的行为发生，归其缘由，很多人认为是法制不健全、机制不完善，但是深挖其根本原因，还是个人思想道德素质不高。所以，在加强职业道德建设的同时，要格外重视培养城市外来务工人员的自律，要坚持为人民服务的职业道德价值观。同样，职业道德的建设还需要有一个外部的推动力。各个行业通过自身的特点以及对培养职业工作人员的目标明确化，再加上组织从业人员进行全方位的学习，使得职业道德的建设开始走向专业化。

3.格局：正确处理好城市外来务工人员职业道德"点"与"面"的关系

城市化进程中职业道德的建设对各行各业城市外来务工人员的帮助

---

① 李年青.转型期职业道德建设的辩证思考[J].学习导报，1997（5）：18.

都是相当巨大的，所以，我们在谈到城市外来务工人员职业道德的发展轨迹时，一定要注意点面结合，不但要突出点的作用，还要更加注意面的作用，最终要使两者得到均衡发展。特别是要注意三个关键点：第一，抓中间，促两头。也就是先要集中精力把中间层的群众的道德教育搞好，这样做的益处在于可以促使先进分子不断往前冲，从而带动后面不甘落后的人。第二，要集中精力抓典型，搞好社会重点扶植的行业。通过运用媒体的力量，对一些先进事迹、先进个人进行全方位的宣传，使他们能够更好地成为行业的领军人物，带领大家更好地学习和发扬职业道德。第三，主抓领导及行业带头人的职业道德素养。通过对领导的审核，以及领导在发现自己问题后的不断总结与修补，职业道德的内涵会逐渐渗透到领导人的思想里。这样，在今后的工作中，他们也会以同样的道德去要求群众。

4.目标：正确处理好城市外来务工人员职业道德"远"和"近"的关系

城市化进程中城市外来务工人员职业道德建设，要放眼未来，做好长远计划，明确其发展方向。同时，也要立足于眼前，从微小的事情做起，不要盲目好高骛远，所以，只有两者有机地结合在一起，才能使职业道德的发展之路更加平稳。当然，也要特别注意三点：第一，确立长远的目标之后，要分阶段地完成短期任务。在把握好职业道德建设的意义和宗旨后，要不断地引导各个行业的精英及群众去树立与市场经济相适应的道德理念。第二，要有的放矢，把重点放在离群众较近的窗口服务业中。这样不仅受众面广，也可以使领导层更了解群众的心声。第三，不同的受众群体对职业道德的要求也应是不同的。每个行业都会有其特殊性，而且岗位不同，对职业道德的要求也会有所差异。因此，不同职业和岗位的职业道德建设应该有不同层次的要求。特别是在企业中，城市外来务工人员尽管已经成为领导者和管理人员，还是要把为人民服务当作自己工作的宗旨，而这也是社会对他们的最基本的要求。而员工们要增加主人翁的意识，增强荣辱感、使命感、责任感，只有这样，才能真正把工作做到位，把事业做到佳。

（三）城市外来务工人员实现职业和身份转换需加强职业道德教育

随着城市化的不断推进，城市外来务工人员转化为职业群体，他们越来越意识到基本职业道德是他们在城市中生活的本钱。因此要加强对城市外来务工人员的职业道德教育。

1. 传授知识与实践活动相结合

要使每个城市外来务工人员养成良好的职业道德习惯，必须首先从提高其对职业道德的认识入手，使其自在的行为变为自觉的行为。因此，利用一定的机会和时间向城市外来务工人员专门传授有关的职业道德知识是非常必要的，尤其是在新入职人员上岗、新的职业活动出台之时和一些职业道德问题多发部门，这样的教育就更为重要。道德重在教育、重在灌输，但也包含教化、点化的思想，主要是通过教育者的言传身教向被教育者传授道德知识和道德规范、道德原则，帮助被教育者树立起道德情感、道德理想、道德信念，形成道德责任和道德义务观念，养成道德习惯，提升道德境界。① 要加强职业道德思想教育，引导城市外来务工人员摆正职业利益与职业责任的关系，明确本职业对社会应承担的责任，提高认识，统一思想。结合实际，坚持思想引路，实施全过程教育，把思想教育始终贯穿在职业道德教育理念中，引导城市外来务工人员熟悉行业或者岗位的职业道德评判标准并掌握职业道德的基本知识，培养他们较好的职业道德风范，使他们形成良好的敬业精神。但是，对职业道德的理解，只靠一味地传授职业道德知识是不够的，还必须城市外来务工人员自己在职业实践中去锻炼，去更深刻地理解它、运用它和发展它。注重实践是社会主义职业道德教育的一个突出特点。城市外来务工人员只有对职业道德的理论和规范有了全面的了解和深刻的把握，才能在实际职业活动中去实践它。他们也只有在自己亲历的职业实践中才能更生动地理解它。把传授职业道德知识与职业道德实践锻炼这两方面有机地结合起来，才能使城市外来务工人员职业道德教育产生巨大的作用，取得令人满意的效果。

2. 组织教育与自我教育相结合

城市外来务工人员在相对陌生的城市，需要大量的城市生活谋生手段和技能，但他们中大部分人不能在社会上得到相关培训，单位的组织教育与自我教育就显得尤为重要。组织教育应当是城市外来务工人员职

---

① 中共中央宣传部教育局.公民道德建设实施纲要学习读本[M].北京：学习出版社，2001：2.

业道德教育的主要手段。职业道德教育是一项长期而又艰巨的任务。随着社会主义市场经济的发展，还会出现许多新情况和新问题，这是需要我们深入探索的。城市外来务工人员绝大多数都是成年人，都有一定的生活阅历和理解能力，他们对这一时间的任何教育都不会消极被动地接受，一旦他们想要和职业道德要求相一致，他们就会从内心升起自我教育的愿望，会积极主动地同组织教育配合，严格地进行自我教育。这是职业道德教育的一个特点，也是职业道德教育过程中一种不可缺少的力量。自我教育对形成和发展城市外来务工人员的职业道德品质所起的作用是难以估量的，也往往是组织教育所不能代替的。有关方面应在加强组织教育的同时，注意培养城市外来务工人员自我教育的积极性、主动性，以组织教育带自我教育，以自我教育促组织教育。两方面结合好，职业道德教育就会生机勃勃、卓有成效地开展下去。

3. 正面教育与批评疏导相结合

一方面，针对城市外来务工人员的职业道德原则和规范向每个城市外来务工人员提出严格要求，并结合行业和单位的实际情况将各方面的要求具体化、明确化，使之易于执行；同时要经常督促、检查，使之切实做到。另一方面，要注意依靠和发扬城市外来务工人员个人品德中的积极因素，去限制和克服品德中的消极因素。对于有缺点和错误的城市外来务工人员，要从爱护的目的出发对其进行批评，此外还要进行耐心的说服教育，加以疏通引导。要善于发现他们的优点，注意分析他们的缺点。使其明辨是非，自觉地开展思想斗争，发扬优点，克服缺点，把消极因素转化为积极因素。要尊重和信任城市外来务工人员；对于他们的工作、生活和学习要给予充分的支持和关心，尊重他们的人格、意见和建议，该放手的事情就让他们自觉地去做，以充分调动他们的进取心和积极性。只讲严格要求，不讲尊重信任，就容易损伤城市外来务工人员的自尊心，使他们难以接受，甚至产生逆反心理。同样，只讲尊重信任，不提严格要求，就容易放任自流，姑息护短，其效果也会适得其反。只有把两者有机地结合起来，才能把握好城市外来务工人员的职业道德教育中的主动权，把各方面的主动性和积极性都调动起来，收到良好的教育效果。

第四章　城市外来务工人员家庭道德观念的嬗变及其引导

改革开放 40 多年来，中国的经济、政治、文化都取得了不同程度的发展，其中最具代表性的便是我国城市化进程的不断推进，外来务工人员不断涌进城市，城市人口大量增加。身份的转换，生活方式的改变，更为复杂的人际关系，利益冲突的加剧，再加上外来文化的冲击，必然会导致城市外来务工人员价值观的改变。在我国传统社会中起到维护社会稳定作用的家庭道德观念在一定程度上也出现了嬗变，城市外来务工人员的家庭观、赡养观、生育观、婚恋观等，都随着传统社会的瓦解和传统道德的变化及现代城市社会的到来而发生巨大的变革。

第一节　城市外来务工人员家庭道德观念的嬗变概况

当前我国城市化进程不断加快，城市人口大量增加，这在一定程度上可以说明我国社会文明程度在逐渐提高，但同时也暴露出很多的问题，其中，城市外来务工人员家庭道德问题是我国精神文明建设中要重点解决的问题。

一、家庭道德的释义

（一）家庭

在大约三百万年的人类历史上，家庭的发展史仅占到了不到一万年的时间，那么家庭发展到现在到底是怎样的呢？在中国，"家"字上面是"宀"，房屋的象形，下面是"豕"，即猪。古代生产力低下，人们多在屋子里养猪，所以房子里有猪就成了家的标志。同时上面的点表示一家之主，一家只能有一个主人。马克思说："每日都在重新生产自己生活的人们开始生产另外一些人，即增殖。这就是夫妻之间的关系，父母和子女之间的关系，也就是家庭。"[①] 美国社会学家 E. W. 伯吉斯和 H. J. 洛克在《家庭》一书中指出："家庭是被婚姻、血缘或收养的纽带联合起来的人的群体，各人以其作为父母、夫妻和兄弟姐妹的社会身份相互作用和交往，创造一个共同的文化。"由此可以看出家庭是社会关系的特殊形式，它是以两性结合、延续后代为特征的社会生活组织形式。家庭这种社会关系或社会生活的组织形式与民族、国家、阶级等社会生活的组织形式不同，它是以两性关系、血缘关系和收养关系为前提的。夫妻关系也是在这样的基础上形成的，两性关系、亲子关系是夫妻关系的基础和保证。两性关系和血缘关系是联结家庭的自然纽带，因此，在一定意义上，家庭属于自然范畴。但是，家庭又是以一定的社会生产方式为基础的，并受一定法律关系和道德关系的制约。家庭的发展变化受多种社会因素的影响，其中决定性因素是社会的经济制度。所以，家庭又属于社会范畴。家庭的特殊性就在于，它是自然范畴和社会范畴的有机统一，但是归根结底它属于社会范畴。在我国城市化进程中影响家庭稳定或者家庭结构的主要因素仍然是经济因素和文化因素。

（二）道德

笔者认为正确理解家庭道德的基本前提便是正确认识道德，毕竟从

---

① 马克思，恩格斯.马克思恩格斯选集[M].中共中央马克思恩格斯列宁斯大林著作编译局，译.北京：人民出版社，1995：277.

概念上来讲，家庭道德仅是道德的一个属概念，所以对道德含义的正确把握，是分析家庭道德的必要途径。

在实际生活中，人们几乎每天都会遇到道德问题，"道德"是一个使用频率很广的词汇。人们对某人的行为表示称赞时，说这人有"道德"，意思是他品德好、行为高尚；对某人的行为表示批评时，说这人"缺德"，意思是他品德差、行为卑鄙。这种对人的行为的评判都与道德有关，那么道德是什么？

道德（virtue）的拉丁文词根是 vir，意思是 man（男人），所以，道德的本意是 manliness，即男子气概、力量和勇气。道德是道德伦理学的专用名词，道德是一种修养，不是与生俱来的，而是通过后天的学习和感悟获得的。

有人认为：道德的形成有其内外要求，其外在要求是行动，基本的表现是无私奉献或自我牺牲；其内在的要求是涵养道德，其基本的表现是完善德性。[①] 人们生活在社会上，人与人、人与社会及人与自然这些关系，直接关系到生产的发展、生活的安定和社会的进步。要正确处理人们之间的关系，就必须确定大家都应信奉的道德标准；确定可以为了大家的利益无私奉献的优秀品质。还有人认为，道德的本质是道德主体的情感、欲望、气质的优秀状态。也就是说，道德，实际上是情感、欲望等生命中的感性部分与理智相互融合、渗透而形成的一种新的心灵品质。[②]

在历史上人们对道德的理解主要倾向于中国的伦理纲常和三从四德，但这毕竟都是古人在当时的社会制度下所倡导的"道德"观念。到目前为止，我国伦理学界针对道德的研究是比较少的。另外，孙中山先生所认为的道德观念主要是"八德"，即"忠、孝、仁、爱、信、义、和、平"以及中国古代的"三达德"，即"智、仁、勇"，"四维"，即"礼、义、廉、耻"。

在中国传统道德文化中占据主导地位的儒家先贤，基本都把道德视为社会的精神法则。主流的儒家学者普遍认为，作为道德本源的"善"并不是外在于人的自然存在，而是隐含于人性之中的本质存在。孟子指

① 唐代兴.道德与美德辨析 [J].伦理学研究，2010（1）：6-12.

② 詹世友.论美德的特征及其意义 [J].道德与文明，2006（2）：31-36.

出，人的道德源于人的善心。人怀"四心"，即善之"四端"。孟子具体讲述了仁义礼的精髓、为人之道德的标准，其中善为最主要的标准。[①] 这里所讲的善，笔者认为就是道德的主要构成要素。但是就道德的学术意义来讲，笔者更加倾向于："善是道德的重要组成部分，是道德体系中的主体，是优质道德素养的体现。"

（三）家庭道德

家庭道德是整个社会道德的重要组成部分，同别的道德有着共同的本质和作用。家庭道德是调整夫妻、父母子女以及其他家庭成员、家庭与社会相互关系的行为准则和规范。

马克思把历史唯物主义的基本原理应用于道德研究，强调社会存在决定人们的社会意识，经济基础决定上层建筑。道德属于上层建筑和意识形态的范畴。道德与经济相比，是第二性的，是被决定的，它反映人们社会关系的一个特殊方面，同上层建筑的其他部分一样，也受物质的社会关系制约。家庭是社会的细胞，建立在一定的社会经济关系之上，并为一定的经济关系所决定。因此作为社会道德重要组成部分的家庭道德，同样也是附着于经济基础上的，是当代经济发展的产物，同时为经济发展服务。

恩格斯说："人们自觉或者不自觉的，归根结底总是从他们的阶级地位所依据的实际关系中——从他们进行生产和交换的经济关系中，吸取自己的道德观念。"[②] 家庭道德也是如此，不同的阶级有不同的家庭道德思想和行为。在封建社会里，占主导地位的家庭道德是以维护封建等级制度为核心，以"三纲五常""三从四德"为标准的。在资本主义社会，占主导地位的家庭道德以维护资本家私有制为核心，以唯利是图、金钱交易为行为标准。"资产阶级撕下了罩在家庭关系上的温情柔柔的面纱，把这种关系变成了纯粹的金钱关系。"[③] 可见不同的阶级有不同的家庭道

① 孟子.孟子[M].北京：中华书局，2009：38.

② 马克思，恩格斯.马克思恩格斯选集：第3卷[M].中共中央马克思恩格斯列宁斯大林著作编译局，译.北京：人民出版社，1972：95.

③ 马克思，恩格斯.马克思恩格斯选集：第3卷[M].中共中央马克思恩格斯列宁斯大林著作编译局，译.北京：人民出版社，1972：83.

德思想和行为。家庭道德具有阶级性，超阶级的永恒的家庭道德是不存在的，不同阶级出身的人，有不同的家庭道德观念和行为规范。他们之间不会产生真正的爱情，缔结以爱情为基础的坚固的婚姻，建立和睦的家庭。《红楼梦》中焦大不会爱上林黛玉，《钢铁是怎样炼成的》中保尔·柯察金与冬尼亚分手是必然的。社会经济关系或思想关系中的矛盾，反映在家庭关系中就是家庭生活中的各种矛盾现象，从家庭关系的社会性出发，适应着调节家庭关系需要的家庭道德，也就必然反映作为上层建筑组成部分的家庭制度，反映决定家庭制度的社会生活方式。而社会主义生活中的家庭道德同社会主义的家庭制度是一致的，是社会主义制度在家庭道德生活中的反映，是社会主义道德的具体体现。

二、城市外来务工人员家庭道德的特点及主要维度

（一）城市外来务工人员家庭道德的特点

城市外来务工人员的家庭道德作为一种由经济基础和家庭制度决定的道德形态，除了具有其他一切道德形态都具有的特征外，还有它自身的特殊性。

1. 家庭道德是城市外来务工人员道德生活中最基本的行为准则

每个人都生活在具体的生活中，都在具体的家庭中经历着从小到老的人生过程。人总是从家庭走向社会，把家庭作为进入社会的基础。人在家庭生活中结成的亲缘关系是最基本、最稳固的社会关系。世界上没有任何一个人可以全然地超脱家庭，家庭中各方面的道德问题是一个人从生到死必须经历又是必须解决的问题。城市外来务工人员的个人利益在某种程度上是和家庭利益一致的，往往通过家庭利益来实现。他们的家庭道德是衡量其社会道德表现的最重要的尺度。背离家庭道德的人必定违背社会道德。近年来我国加大了反腐倡廉的力度，就最近的工作成果来看，一些贪污腐败的官员就是因为家庭道德的缺失才走上违法犯罪的道路。

2. 城市外来务工人员的家庭道德具有民族继承性

家庭道德一经形成就同民族传统、民族区域的风俗习惯结合在一起，不同的民族具有不同的宗教信仰、生活习惯、行为规范，因而不同民族

的家庭所形成的家庭道德信念、情感、行为规范等都具有不同的特征。我们国家是一个多民族的国家，不同的民族有自己独特的文化和传统，家庭道德对他们而言在很大程度上是完全受制于本地传统的，但是就中华民族的基本家庭道德来看，尊老爱幼、夫妻和睦、团结邻里都是一样的。西方民族开放型的求爱方式是东方民族家庭道德所不容的。家庭道德正是在民族区域内以传统的形式世代相袭的。

3. 城市外来务工人员的家庭道德具有时代性

家庭是随着社会的发展而发展的，在不同的社会具有不同的性质和特点，因而产生的家庭关系也必然不同。恩格斯指出："在历史的过程中，家庭道德随着所有制关系和发展时期而经历变动。"[①] 不同的社会历史时期具有不同的家庭道德原则，即使在同一个民族、同一个阶级的家庭，不同时代所形成的家庭道德的具体内容、具体实践活动也不尽相同。我国有着五千年的文明，在封建社会的中国妇女必须遵从"三从四德"，女子结婚必须听从父母之命；辛亥革命后的中国妇女得到解放，婚姻制度也在逐渐改革；当今社会，家庭生活倡导男女平等、婚姻自由。

（二）城市外来务工人员家庭道德的维度解析

家庭道德作为一种调节家庭中人与人之间的相互关系的行为规范的总和，反映了婚姻家庭制度与家庭成员角色行为准则，是一个道德体系。

1. 城市外来务工人员婚恋观

家庭是人类社会的细胞，人们的婚恋和家庭观念与行为伴随着每个人的一生，直接关系社会的稳定与和谐，因此，中国传统文化特别重视家庭的稳定，制定了一整套道德机制来约束人们的婚恋与家庭观念及行为，如夫唱妇随，举案齐眉，父慈子孝，从一而终，嫁鸡随鸡、嫁狗随狗等，许多乡村社会至今仍保留着一些传统婚恋观，包括门当户对的择偶标准，生儿育女的结婚目的，父母之命的择偶方式，保守贞操的性观念、被动对待婚姻危机和鄙夷离婚的观念等。城市外来务工人员来到现代城市社会，由于生活环境的变化，婚恋道德观受到巨大冲击。具体表现为以下几个方面。

---

① 马克思，恩格斯．马克思恩格斯选集：第 42 卷 [M]．中共中央马克思恩格斯列宁斯大林著作编译局，译．北京：人民出版社，1956：79.

（1）择偶标准：从物质功利婚姻到精神品质婚姻的嬗变。传统婚姻的功利性目的很明确，因此讲究门当户对，择偶时看重的是对方的物质条件和家庭背景。城市外来务工人员从农村来到城市，从观念上接受了城市的自由恋爱观，城市人在择偶时比较看重对方的性格、品行、才学等，总之就是双方要有感情基础，要合得来。从关于择偶时感情的必要性问题的问卷调查情况来看，76.47%的受访对象认为感情很重要，21.57%的受访对象认为有感情更好，仅有1.96%的受访对象认为找对象有没有感情无所谓。

表4-1　城市外来务工人员调查（"认为感情的必要性"）

选项	小计	比例
感情很重要	1 560	76.47%
有感情更好	440	21.57%
无所谓	40	1.96%
本题有效填写人次	2 040	

（2）择偶方式：从被动接受到主动追求的嬗变。传统婚恋观的择偶方式是被动接受型的，年轻人以听从父母之命、媒妁之言为孝顺，父母根据双方八字是否相合、是否门当户对，由媒人传递信息，理想的标准是门当户对、郎才女貌。城市外来务工人员一方面因为时代的进步而大多接受了新的婚恋观，另一方面也受到城市婚恋新风的影响，他们反感传统的父母之命、媒妁之言，主张自己的婚姻自己做主。从调查情况来看，很多务工青年通过各种社交聚会、周末游玩等机会追求自己喜欢的对象。据统计调查，在第一次组成家庭时，有94.3%的城市外来务工人员是通过父母之命或媒人说合的方式达成婚姻的，只有5.69%的城市外来务工人员是通过自由恋爱组建家庭的。（表4-2）。但当调查他们所向往的择偶方式时，68.01%的受访对象表示希望自由恋爱（表4-3）。①

① 疏仁华.青年农民工婚恋观的城市化走向[J].南通大学学报（社会科学版），2011（3）：59-64.

表4-2　被调查者的初始择偶方式

	自由恋爱	父母之命	媒人说合
人数	55	358	553
百分比	5.69%	37.06%	57.24%

表4-3　被调查者向往的择偶或恋爱方式

	自由恋爱	父母之命	媒人说合	朋友介绍
人数	657	67	97	145
百分比	68.01%	6.94%	10.04%	15.01%

而从另一组调查数据来看，有29.31%的受访对象表示一定不接受家庭安排的婚姻，58.82%的人表示不排斥家庭安排的婚姻，只有11.76%的人表示接受家庭安排的婚姻（表4-4）。城市外来务工人员甚至很大一部分通过网络自主择偶。从调查问卷数据来看，城市外来务工人员中，有35.29%的受访对象相信网恋，64.71%的受访对象不相信网恋（表4-5）。

表4-4　城市外来务工人员调查（"是否接受家庭安排的婚姻"）

选项	小计	比例	
一定不接受	598		29.31%
不排斥	1 201		58.87%
接受	241		11.81%
本题有效填写人次	2 040		

表4-5　城市外来务工人员调查（"是否相信网恋"）

选项	小计	比例	
是	720		35.29%
否	1 320		64.71%
本题有效填写人次	2 040		

（3）婚姻目的：从延续香火到追求家庭幸福生活的嬗变。传统婚恋观一个首要的功利目的就是生儿育女、延续香火。当然，当代城市外来务工人员更看重现实的幸福感情，至于生儿育女，那是次要目的。甚至为了生活，他们可以推迟或者放弃生育。调查表明，33.28%的受访城市

外来务工人员认为堕胎正常，47.06%的受访对象表示虽然自己不接受堕胎，但能理解，只有19.66%的受访对象表示不能理解堕胎的行为（表4-6）。

表4-6 城市外来务工人员调查（"对堕胎的看法"）

选项	小计	比例	
不理解	401		19.66%
理解，自己不接受	960		47.06%
正常	679		33.28%
本题有效填写人次	2 040		

（4）性观念：从保守到开放的嬗变。传统婚恋观羞于谈性，在性观念上十分保守，特别是对女性，主张要坚守贞操，从一而终，把贞操看得比性命还重要。城市外来务工人员对性的态度由保守转为开放，甚至对婚前性行为都能接受，这从表4-6中城市外来务工人员对待堕胎的态度就可窥见一二。从对婚前性行为的看法的调查来看，50.93%的受访城市外来务工人员表示无所谓，39.31%的受访对象表示能接受，只是自己不行，只有9.75%的受访对象表示一定不能接受（表4-7）。

表4-7 城市外来务工人员调查（"对婚前性行为的看法"）

选项	小计	比例	
一定不行	199		9.75%
接受，但自己不行	802		39.31%
无所谓	1 039		50.93%
本题有效填写人次	2 040		

（5）离异观：从抗拒鄙夷到宽容接受的嬗变。传统婚恋观讲究从一而终，不离不弃，白头偕老。但是被动的婚姻往往存在很大的冒险因素，双方一旦性格不合，即便门当户对，也不会幸福。而传统婚姻生活中这种不幸一旦发生，就几乎一辈子挥之不去，离婚是万不得已之举，一旦离婚，就要遭受舆论的谴责，一辈子受鄙夷。当代城市外来务工人员对婚姻危机能比较理性地对待，当婚姻失去了感情基础时，他们会选择离婚。从对离婚的看法的调查问卷来看，17.75%的受访城市外来务工人员

认为离婚是正常现象，64.66%的受访对象表示可以接受离婚，虽然是出于无奈的选择，只有17.75%的受访对象表示不接受离婚。

表4-8 外来务工人员调查（"对离婚的看法"）

选项	小计	比例	
不接受离婚	359		17.60%
可以接受，无奈的选择	1 319		64.66%
正常现象	362		17.75%
本题有效填写人次	2 040		

2. 城市外来务工人员的生育观

人类社会自存在那一天开始，就一直进行着两种形式的生产：一是物质生活资料的生产；另一种是人类自身的再生产，即生儿育女，种族繁衍。种族繁衍是靠男女两性的结合实现的，是在家庭中进行的，家庭是生育的场所。生育观是指人们对生育问题的根本看法和具体态度，它直接支配人们的生育行为，进而影响人口的生育水平。作为一种思想意识，生育观是随着生产关系的变化和家庭形态的更迭而不断变化的，生育不仅是一种生理现象，而且还是一种社会现象，受各种条件的影响，特别是社会经济、政治制度的制约和限制。

生育问题是城市外来务工人员家庭赖以存在的根本问题。城市外来务工人员接受了城市人的大部分婚恋观念，对婚姻和性持比较开放的态度，并把幸福的婚姻生活、夫妻感情放在第一位，而不是把生儿育女作为婚姻的目的。那么如今城市外来务工人员的生育道德观到底是一个什么样的状态呢？笔者认为大体存在以下几个问题：

（1）生育的目的。生育的目的是影响城市外来务工人员生育行为的最重要的心理基础。在不同的社会中，人们对生育的目的看法不同。在传统生育观念中，生育是婚姻家庭自然而然、天经地义的事情；生育是为了传宗接代，延续香火，是为了老年生活有保障。而在现代社会中，城市外来务工人员对家庭生活质量有更高层次的要求，认为生育是承担社会人口繁衍的责任；对个人来说，生养孩子是人生的重要内容，是为了生活更有情趣，老年生活有精神寄托。城市外来务工人员虽然生活在城市，但他们的身份仍然是农民，他们不能享受城市的各种福利保障，他们像留守农村的其他农民一样，需要生儿育女，养儿防老。

（2）子女多少。对于子女多少，人类发展的不同时期认识是不同的。在人类的早期，受各种因素的影响，生育方式是群婚杂交，人们把生育看作一种自然现象。在封建社会，子女是一家之长即父亲的私有财产，是一个成人男性财富的象征。因此，"多子多福"成为我国封建社会人们的普遍看法。如今，人们对于子女数量不再一味求多，而是根据国家政策和自己的实际情况生育子女。

（3）子女的血缘关系。人类社会早期，母系氏族阶段，实行群婚杂交生育，人们只知其母不知其父，对于血缘关系并不如后来看得那么重。随着生产力的发展、男权社会的确立、私有制的出现，人们对子女的血缘关系越来越重视。在宗法观念的支配下，子女的血缘关系成了异乎寻常的大事，与男性没有血缘关系的子女就没有传宗接代的资格，没有继承其财产的权利。后娘带的、抱养别人的，既没有社会地位受人欺负，也没有家庭地位，还遭人白眼，活着上不了族谱，死后入不了祖坟，成为了外族人。如今，人们不再过分看中子女的血缘关系，甚至会领养孩子以使其得到良好的照顾。

（4）子女的性别。原始社会中，不论是在氏族内，还是在部落中，人与人之间的关系是相对平等的。反映在生育观上，人们对待子女的性别如同对待血缘关系一样，看得并不十分重。自从男权社会确立以后，人们的思想观念发生了变化，重男轻女的思想渐渐产生，且越来越严重，以至到封建社会，发展到无以复加的地步。女子完全成了男子的附庸，被男子物化。与此同时，什么"女子弱质论""头发长见识短"等奇谈怪论也大行其道。在西方中世纪，"女性是否有灵魂"竟然被当作问题来讨论！总之重男轻女、男尊女卑是大部分古代社会的普遍现象，只有男性才是一个家族传宗接代的后继人，女子则是别人家的人，不仅没有社会政治地位，连经济条件也得不到保障。随着经济的发展和人们思想道德水平的提高，以及国家的引导，人们对子女的性别不再看重，对女子也一视同仁，不再区别对待。

3. 城市外来务工人员的家庭教育观

家庭教育观是指城市外来务工人员对教育孩子的总体看法和指导思想。他们对子女的教育逐渐表现出鲜明的时代特征。正如《幼学琼林》

中所言："与善人交，如入芝兰之室，久而不闻其香；与恶人交，如入鲍鱼之肆，久而不闻其臭。"父母不仅有抚养子女的责任，还有教育子女的重要职责。教育子女是父母应尽的社会义务和不可推卸的责任，又是父母人生价值的体现。"养不教，父之过"，父母生下子女，就要对子女、对社会负责。

中华民族自古注重家教，在其传统的民族文化中，有不少的家训家规、治家格言世代相传，对家教给予高度重视，古代的人们教子爱国、好学上进、为人正直、勤劳朴实、助人为乐等，其中蕴含着丰富的家教内容，对民族的兴旺起着重要作用。以下是城市外来务工人员对家庭教育的认识。

首先，家庭教育是人生的起点，一个人来到世上首先接触的是父母，首先受到的教育是家庭教育。亲子之间的特殊关系以及彼此之间长期共处，使得家庭教育在子女的成长过程中起着潜移默化的作用，是人才培养中不容忽视的重要环节。其次，家庭教育的特点决定了它在人才培养过程中有其他教育所不能替代的作用。主要表现在，家庭在教导基本生活技能方面起重要作用；家庭在教导社会规范，形成道德情操方面起重要作用；家庭在指导生活目标、形成个人理想、志趣等方面起重要作用；家庭在培养社会角色过程中的独特性还表现为它能复制出社会文化传统习俗所要求的不同的社会角色；家庭在形成个人性格特征，形成个人对社会适应能力等方面有着不可替代的影响。最后，家庭是构建和谐社会的重要阵地。家庭教育直接影响着子女人生观的形成，好的家庭教育可以使子女具有远大的理想、崇高的品德、良好的行为，成为对社会有用的人才。

4.城市外来务工人员的孝道观

中国的孝道源远流长，早在尧舜时就有了"孝"的道德要求，孝道是人类脱离了动物界，组成家庭并意识到家庭血亲关系后才出现的。据资料显示，个体家庭和私有制的产生是孝道形成的关键。那么孝道的本质是什么呢？

（1）孝道是血缘关系的反映。孝道观念的产生是以生产力发展到一定阶段，产品有所剩余以及人们自身价值的觉醒为先决条件的。人类的自身价值无非通过两种生产实现，其一是物质资料的再生产，即人能创造物质和精神财富；其二是人类自身的再生产，即种族的繁衍。人类自身的再生产，使得人类从血缘上崇敬长者，物质资料的再生产引起后辈对具有丰富经验长辈的敬重和爱戴。孝的血缘基础的表现形式虽然随着社会的发展而不断变化，但是其对于人性的关怀、善与爱的本质是不随时代的改变而改变的。孝从本质来说，是人们"各亲其亲，各子其子"的纯真心理，情感的流露是血缘亲子关系的表现。

（2）孝是调整家庭关系的行为准则。孝道作为调整家庭关系的行为准则，并不是人们主观杜撰的，而是一定的社会家庭生活的需要。马克思和恩格斯曾明确指出，作为确定的人、现实的人，你就有规定，就有使命，就有义务，至于你是否意识到这一点，那是无所谓的。父母子女关系，是家庭中的一种基本关系，敬养父母就是子女应该履行的道德义务和责任。

（3）尊敬长辈，赡养父母，是中华民族的传统道德，也是现代理想型家庭的重要因素。尊敬长辈，不仅关系到两代人的感情和生活，还影响到第三代人的身心健康。赡养和扶助父母是子女的义务，尊敬和照顾父母是后辈的道德，长辈是生育和培养后辈的人，他们一般阅历深，见闻多，对社会贡献多；尊敬老人不只是对养育之恩的报答，主要是对他们劳动和贡献的尊重。同时由于长辈年纪较大，体力和精力都开始衰退，有必要在身心上多加体贴、照顾、帮助，使老人欢度晚年。

认识到孝道的本质，那么我国传统的孝道是什么呢？纵观古代思想家关于孝的论述，古代孝道的基本内容主要有以下几个方面。

养：奉养父母是孝道中最基本的要求。

敬：对待父母，只管养活，不知孝敬，即和养活犬马没有什么区别。可见孝敬父母比养活父母有更高层次的道德要求。

无违：封建孝道要求孝贯穿于父母生事葬祭的全过程。不论在哪个阶段，都应该做到"生，事之以礼；死，葬之以礼，祭之以礼"。严格按照礼的要求，父母生前要好好敬养，去世后也要竭力把葬礼办好，以尽孝心。

不断子嗣："不孝有三，无后为大。"语出《孟子·离娄上》，据后人注释，所谓三不孝是指阿意曲从，陷亲不义；家贫亲老，不为禄仕；不娶无子，绝先祖祀。而其中无子就无法来继承封建的宗法秩序，绝了对先祖的祭祀，是最大的不孝。

尊亲："立身行道，扬名于后世，以显父母，孝之终也。"一个人是否孝，最终还要看他是否按照封建道德要求，成就一番事业，得到荣华富贵，抬高自己家庭的地位，光宗耀祖。

5. 城市外来务工人员的家权观

城市外来务工人员在传承古代小道的精华的同时，如敬亲父母、赡养父母，也对其内容有一些改变，如出现了丁克一族，即不要孩子的群体。所以城市外来务工人员的孝道观还是有一些变化的。

家庭作为一个完整的组织，与其他的社会组织一样，在其存在和发展过程中，同样需要一个统一家庭全体成员意志和行动，拥有一定权威的组织者、决策者、指挥者以保证家庭生活的正常运转。

笔者认为，广义上的家权就是权力在家庭活动中的表现，就是家长在家庭中所拥有的支配力量，包括经济权、家务管理权、劳动权、继承权和男女平等权等。狭义的家权仅仅指家务管理权，它包括组织、决策、指导、协调、研究和实施生活的一切方面。家权的目的是发挥家庭的功能，处理好家庭中的人际关系，使家庭成员之间相亲相爱。有家就有长，有长就有权。那么在我国传统社会中家权处于一个怎样的状态呢？

首先是母权。母权出现在原始社会时期，在母系氏族时期，家庭中的权威就是母方，家庭发展中的大小事务的决定权在母方；女性居于受尊敬的地位，经常被选为氏族的主持者与领导者。

其次是舅权，即舅父权。舅父是母系氏族中的兄弟辈人，亲族中称"娘家门人"，是娘家的全权代表。舅权是母权向父权过渡的桥梁。舅权在家族社会习俗中主要表现为以下几个方面：分家产时，除家长主持外，六亲中必请舅父；举行婚丧喜庆典礼时，也以舅父为尊，外甥结婚舅父必到场，舅公须坐大位；遇到丧葬，若是丧妻或者丧母，须先向外公及舅父报丧，平时来客也以母舅、妻舅为尊；舅舅教训外甥被认为是天经地义之事。

再次是父权。父系氏族社会中，家庭中的权威就是父方，家庭发展的决定权在父方。家庭中权威的变更是由生产力发展水平决定的。严密森严的等级制度是奴隶社会和封建社会的重要特征，此时期也是家庭中父权制最为鼎盛的时期。奴隶社会和封建社会生产力的发展主要取决于男性，因此男性在家庭中有较高权威，"在家从父，出嫁从夫，夫死从子""夫有礼则柔从听侍，夫无礼则恐惧自悚"等古代思想则是中国古代家庭中等级权力的真实写照。

最后是夫权。受传统"三纲五常"中"夫为妻纲"思想的影响，家庭权力分配和家务劳动分工是传统家庭地位的主要标志。与这种分工形式相对应的解释有两种，一种是资源交换理论，这种主要基于男女生理结构的差别。另一种是文化决定论，主要是由当时父权社会的文化体系所致。虽然到现在为止，很多农村家庭权力分配越发合理，但是家务分工模式依然带有一定"男主外、女主内"的传统模式。

综上所述，家权在我国不同的时期有着不同的表现形式，但是其作为家庭道德的重要组成部分，必然要顺应当时家庭道德的发展趋势，无论是母权、舅权，还是父权、夫权，都是时代的产物。

在当前社会，我国城市化进程不断加快，由于西方文化的影响，加之家庭结构的变迁，传统家权观念已慢慢瓦解，新型家权理念建立。目前在城市外来务工人员中，笔者认为主要有协商型、主从型、独断型、自由型四种家权模式，这是由于城市外来务工人员家庭成员之间价值观的不同而产生的。

6. 城市外来务工人员的家风观

城市化进程中人们对外来务工人员的素质要求比较高，尤其看重一个人的诚信、勇敢、忠诚等品格，这些品格的形成与好的家庭风气有着必然的联系。家庭是社会的基本组成单位，那么家风也必然成为影响整个社会风气的重要方面。好的家风有助于维持家庭的兴盛，同时也能直接形成好的社会风气。构建好的家风对我国和谐社会建设起到重要的推动作用。

那么何为家风？家风是一个家庭及其成员对待家庭生活各种问题、处理家庭内外各种关系等方面所形成的一贯态度和行为；它是家庭成员世界观、价值观的具体反映，包括家庭的生活方式、生活作风、传统习惯、道德行为等内容。它作为社会网络中的一个环节，对社会风气的发展起着独特的作用。

中华民族是一个特别重视血缘关系的民族，家庭伦理和家风问题历来受到社会各界的重视。中国伦理思想史上的大量家教、家训、家规以及治家格言中所述的内容，都与家庭伦理和家风有密切的联系，或者说它们都是从不同的方面反映着家庭伦理和家风。

在城市外来务工人员家庭道德建设中，家风建设有着特别重要的意义和作用。首先家风都是具有长期感染力的，对城市外来务工人员的价值观的形成有着深刻的影响。家风作为一种精神力量，既能在思想上约束其成员，又能促使家庭成员在一种文明、和谐、健康、向上的氛围中不断发展。人成才的主要因素不是智力，而是道德品质和心理素质。因此那些只注重智力引导的家教是缺乏远见的，树立良好的家风才是家庭道德教育成功的关键。

那么在我国有哪些优良的家风呢？作者查阅资料发现基本包括：清廉型家风，即崇尚操守廉洁之风；勤劳型家风，即崇尚勤劳之风；节俭型家风，即崇尚操守节俭之风；崇学型家风，即崇尚操守饱学之风。

三、城市外来务工人员传统家庭道德嬗变的表现及其评价

家庭如同一个小社会，城市外来务工人员的家庭道德不仅包括爱情和婚姻中的道德问题，还有很多非常复杂的内容，研究领域也非常广阔。前面笔者论述了当前城市外来务工人员家庭道德建设的几个主要方面，如婚姻观、生育观、家庭教育观、孝道观以及家风观等。那么随着我国城市化进程的不断加快，以及不同文化对我国城市外来务工人员传统家庭道德的影响，家庭道德目前是一个什么样的状态呢？笔者认为应该重点关注以下几个方面的内容。

（一）从传统婚姻观的消解到新型婚姻观的确立

说到城市外来务工人员传统的婚姻观，不得不介绍一下我国传统婚姻观的几种形式：第一，爱情婚姻（自主婚姻）。这种婚姻观主要是以爱情为基础，经过自由恋爱而结成的婚姻。这种婚姻观也是我们所提倡的比较具有人本色彩的婚姻观。第二，包办婚姻。包办婚姻就是男女双方不是基于自主自愿，而是由父母或者第三方包办的一种婚姻，包括换亲、转亲的婚姻，这种婚姻形式是封建制度的产物，其特点就是"父母之命，媒妁之言"。这也是我国在社会主义进程中坚决反对的婚姻形式。第三，买卖婚姻，即第三者（包括父母）违背当事人的意志，以索取大量财物为目的，包办他人或者自己子女的婚姻。买卖婚姻产生于私有制，但是

在当今社会仍然有这样的事情发生。第四，政治婚姻和权力婚姻。政治婚姻和权力婚姻有一个共同点就是不以爱情为基础，男女结合靠一种外力的约束，或者是基于一定的政治目的、政治条件，或者是一方靠权力强加于另一方。这种婚姻在当今社会也是存在的，所谓婚姻中的"强强联合"就指政治婚姻或者权力婚姻。

城市化进程的不断加快，我国城市外来务工人员家庭中的一些封建思想逐渐消解，尤其是 21 世纪以来，80 年代或者 90 年代出生的人们接受新兴事物的能力比较强，其人生观、世界观也逐渐呈现自主化，不容易受到传统封建思想的束缚，他们的婚姻观在很大程度上与传统婚姻观割裂开来。传统婚姻观消解，新型婚姻观确立，具体来说主要表现在以下几个方面。

结婚年龄普遍推迟，尤其是城市青年"不婚族"人数增多，这主要是一些独立奋斗的、需要不断拼搏才可以在社会立足的人，他们基本上把精力都奉献给了自己的事业和追求。当然还有一些不婚族是因为接受过多年的国外教育，对国外的一些思想进行模仿，属于追求"时尚"一族。

同居、试婚等事实婚姻形式更为常见。新式的婚姻观导致人们对于传统婚姻的直接否定，更加注重自己的主观感受，这种婚姻形式在古代是有悖于伦理纲常的，是不道德的行为，但是当前人们更加关注自己的主观感受，同居、试婚也成为当前婚姻过程中的普遍形式。

据资料统计，现在城市外来务工人员在择偶标准与以前相比有了很大的差异，金钱、地位、年龄、外貌日渐淡出人们的视野，择偶标准日趋多样化。基于感情的选择成为被推崇的模式。当然，基于感情的婚姻也正是我国当前主流的婚姻观。婚姻中夫妻双方更加关注地位的平等，凡是违反规则的都要受到舆论的谴责，甚至还要受到法律的制裁。这在很大程度上是因为我们国家正在逐步远离那种农耕为主的时代，体力的好坏已经不再是决定男女地位的主要因素，很多女性在社会地位、经济基础、文化学识等方面要超过男性，所以"男主外、女主内"的旧婚姻模式逐渐受到颠覆，而且出现了婚姻经济关系中的 AA 制、婚前财产公证等新的婚姻附属物。

城市外来务工人员的外遇更为常见，但是并没有成为离婚的主要原因。由于城市化进程的迅速推进，以及信息化社会的不断完善，外来务工人员之间的距离急剧缩短，直接促使他们之间的交往更加紧密。同时由于国外一些"性"思想的不断引入，致使很多人认为"婚姻和性"是分开的。

离婚率急剧增高，不过现在的离婚不再仅仅是因为过错，很多都是因为感情不和或者感情淡漠而进行的良性离婚。现在孩子不再是影响离婚的主要因素，良性婚姻日渐成为主流。女性在离婚关系中的自主性日渐提高，对离婚女性的歧视日渐减少。经济的独立、精神的健全、社会的认同，使离婚后的女人较20世纪更容易开始自己的新生活。

婚姻不只是浪漫，现代社会"短婚""速婚"日渐平常。一些人结婚、离婚快似"闪电"，认识不久就要结婚，新婚不久就办离婚。婚姻关系存续时间越来越短，当然，也有人认为这是社会的一种进步。离婚再婚这样的复式婚姻越来越普遍，因为离婚率的上升必然引起再婚率的提高，城市化进程中，人们每天接触的人数急剧增加，同时人们思想的解放，使得人们可以放心大胆地追求自己的真爱，这在一定程度上促进了离婚再婚率的提高。

（二）从传统家庭观的嬗变到新型家庭观的出现

城市化进程的不断推进，使外来务工人员生活压力不断加大，人际交往更加频繁，人们婚姻观的重新确立，导致我国传统家庭观念的嬗变，从而出现了一些符合时代趋势的新型家庭观。笔者通过查阅资料尽可能地对传统家庭观的嬗变过程及结果进行了必要的梳理。

当前我国传统的家庭类型有哪些呢？笔者认为主要包括以下几种。

首先是核心家庭。核心家庭是指已婚男女和未婚子女组成的家庭，其中也包括仅有夫妻二人组成的夫妻家庭或者仅有夫或妻一方（另一方死亡或离异）与其子女组成的家庭。这种家庭主要包含了两种关系，即以婚姻相连的夫妻关系和以血缘相连的血缘关系。这是当前社会家庭的主要形式，因为它在很大程度上适应我国城市化进程的需要。

其次是主干家庭。主干家庭是指有两代人以上，而每一代中只有一对夫妻（包括一方死亡或离异）组成的家庭，这种家庭模式事实上是传统的家庭模式，这样老、中、幼组成的家庭充分体现了中华民族"少有所养，老有所终"的传统家庭伦理思想。虽然在当今社会促成这种家庭形成的传统观念已经淡薄，但是基本精神仍然是当今社会的主流。

再次是联合家庭。联合家庭主要指在一个家庭里"多世同堂"且在同一代中有两对以上夫妻的家庭。这种家庭模式比较复杂，内部关系比较多，处理起来比较麻烦，对于这种家庭模式的维持也需要投入很大的财力。虽然在思想上这种家庭模式是人们理想中的传统家庭模式，但是它很难长久维持稳定，因此至今也不是实际生活中的普通模式。

最后是单身家庭。单身家庭主要指一个人生活的家庭，这种家庭多是由于配偶死亡或者离异，本身无子女或者是有子女但是并没有和他们共同生活；也有出于不同原因而单身居住的男女。如果按照家庭的伦理思想来解释这种形式并不能称为家庭，但是从实践上来说，现实生活中随着社会的进步，人们在社会上的横向流动速度不断加快，以及城市化进程不断促进人们价值观的更替，家庭观念的变化已经成为不争的事实，所以单身家庭在一定程度上还是存在的。

城市化进程中家庭观出现了哪些变化呢？传统家庭的组成形式是不是仍然占据当前家庭模式的主流？传统家庭的功能是不是得到拓展？人们对家庭的期望出现了什么改变？等等，针对当代中国家庭的变化，笔者从以下几个方面进行阐述。

第一，家庭结构的变化。家庭结构的变化一方面体现在一核心家庭的占比不断增大，是当前家庭结构变化的总体趋势，核心家庭的人口逐渐减少，结构逐渐简单。另一方面是核心家庭和主干家庭共存，城市化进程的不断加快并不能完全消解人们的传统家庭观念，其中孝道是主要决定力量。

还有就是单身家庭大量增加。受西方思想影响，坚持独身主义的男女越来越多。单身家庭的发展趋势也是城市化进程的主要产物之一。不完整家庭的大量增加，城市化进程的推进，使得人们更加注重个人感受以及对于性的追求，这两种原因使人们突破了传统的束缚，导致离婚率增加。最后是家庭结构简单化，家庭规模小型化，"丁克（DINK）"家庭日渐流行，在有结婚意愿的"80后""90后"甚至"00后"中，出现了一些丁克族。"丁克"是 Double Income and No Kids（DINK）的音译，直译为"双收入，无子女"，是指已经结婚、有生育能力但自愿选择不生育。

第二，城市外来务工人员家庭功能的变化。家庭功能的变化主要是和社会的发展趋势相对应的，城市化进程的加快不断把家庭推向社会。主要有如下表现：其一，城市外来务工人员家庭越发地和社会建立联系，很多社会职能都是通过家庭表现出来的。其二，家庭是感情的基础，更是增进社会团结的温床。其三，家庭对社会的依附性减少。由于社会的不断进步，人们不再过多地担忧温饱问题，而是更多关注消费和享受，这在很大程度上减少了社会对家庭的干预。其四，私生活的权利受到尊重，家庭成为舆论的盲点，家庭成为人们私生活的主要场所，法律、道德和社会舆论成为保护人们私生活的保障，而不再是干预私生活的手段。其五，家庭功能逐渐向社会转移，加大了社会的负担，传统的家庭责任逐渐被社会所承担，城市化中的家庭反过来促进了社会公共服务体制的健全。

第三，个人与家庭关系的变化。具体表现在新生城市外来务工人员家庭关系趋于简单化，家庭成为夫妻人格的共同体。家庭已经不再是生活的全部，社会的高速发展，使人们的工作压力不断增大，导致亲情淡漠，并出现个人主义超越家庭主义的趋势。

第四，家庭关系与交往的变化。从城市外来务工人员家庭内部所有成员之间的关系来看，中国家庭的现代化表现出了非常复杂的情况。我国传统的家庭伦理中，亲子关系是家庭结构的核心，但是城市化进程中的外来务工人员家庭使核心关系逐渐由父子关系向夫妻关系转移。

非亲属家庭交往一方面表现出加强的趋势，这是城市化进程中必然会出现的现象，因为城市化进程必然要求加强人们之间的交往，但是同时还表现出邻里之间的冷漠现象。城市化使得住在同一个小区的人们出现冷漠，甚至出现住在对门都不认识的现象。而家庭之网与传统家族相比也注入了新的内容。现代家庭网是基于现实生活的需要，人们互相联系，但更多是出于社会生活和家庭生活的需要，家庭成员之间有亲疏之别，尊卑之分却逐渐消失。

以上便是对城市化进程中我国家庭道德嬗变中关于家庭观念变化的阐述，阐述肯定会有偏颇之处，但是在当前的社会大环境下，家庭观念出现变异是时代的趋势，更是基于现实的优化。怎样才能预防家庭观念演变过程中的弊端，更好地发挥家庭的功能是当前学者应该仔细思考的问题。

（三）从旧生育观的变迁到新生育观的实施

城市化进程中人们的价值观念不再仅仅停留在传统的生育观念上，城市外来务工人员中出现了很多不婚族和不孕族，当然，这里的不孕族并不是指这些人不能生孩子，而是他们不想要孩子，这完全是出于当前社会中个人本位的价值追求。那么在当前社会，影响家庭生育的主要因素有哪些呢？

（1）婚姻家庭因素。可以说婚姻家庭因素是决定生育的主要因素，首先就表现在夫妻结婚生育年龄的早晚。如果结婚双方属于早婚，那么按照传统的思维他们则可能出现早育多育，晚婚则倾向于晚育少育。其次便是婚姻关系的稳定与否。一般来说婚姻关系稳定，离婚率低则会出现生育率较高的局面。再次则是妇女在家庭中的地位。妇女在家庭中的地位低，经济不独立，其生育率则相对较高。最后，表现在家庭成员之间经济关系的疏密程度。家庭经济关系密切，老人全由子女赡养，人们把生育子女当成自己老年生活的保障，因此会有"早生儿子早得济""多子多福"的思想，这也是多育的主要因素。

（2）社会经济因素。家庭生育和社会经济状况息息相关，当社会生产力发展水平比较低，物质生活资料的生产主要依赖于人的手工劳动时，就需要有充足的劳动力，只有多生育才能满足这一要求。人们为了保证生活的需要，就必然要求早生多生。然而当今社会，生产力已经高度发展，科学技术成为第一生产力，生产已经完全突破家庭狭小的范围，城市外来务工人员更多地关注人口素质的提高，自身科学文化水平的提高，不再把时间和精力过多地用在生儿育女上，而是倾向于少生优生。当然，生活水平也是影响生育的主要因素，一般情况下，发达国家和我国的一些大城市倾向于晚婚晚育，少生优生，这些地区的人们宁愿早早地提高自己的生活水平，也不愿意早婚早育多育来增加自己的负担。

（3）社会政治因素。社会治安、国家政策、法令对人口的出生起着调控和制约的作用。一般来说，社会处于安定繁荣、兴盛发展时期，人们安居乐业，人口的出生率就高；而社会处于战乱时期，民不聊生，人们连自身的生存都无法保障，就更无暇生育儿女了。在当前我国和平稳定的大环境下，虽然我国的城市化进程不断加快，人们的生活质量逐渐提高，但是基于我国的实际情况，人们生育的意愿有所降低，但国家已出台政策鼓励生育。

（4）社会意识因素。社会的伦理道德、科学文化、宗教信仰等社会意识，同样对人口的出生起着控制作用，不同的伦理意识对人口生育有着不同的影响。从私有制派生出来的家族观念、宗法观念、门第思想，特别是重男轻女和多子多福意识，激励着人们早婚早育，多生多育。先进的道德意识把生育问题社会化，认为生育不仅是家庭的私事，而且是有关国计民生的公事，人们会在先进意识的指导下执行国家的政策法令，自觉地把生育和社会需要联系在一起。

（四）从旧家庭教育的消解到新家庭教育的生成

在我国传统文化中，教育子女本就是家庭道德的重要组成部分，中华民族自古重视家教，在我国的传统文化中有不少这样的家训、家规、治家格言世代相传，它们都对家教给予了高度重视，如"不怕饥寒，怕无家教，唯有教儿，最关重要""人生至乐，无如教书；至要，无如教子"等。古代的人们教子爱国、好学上进、为人正直、勤劳朴实、尊老爱幼、助人为乐等，这些教育内容至今都对民族的兴旺起着重要作用。但是纵观我国古代的教育，我们不难看出，由于封建思想的影响，尤其是男尊女卑思想的制约，女子教育是相当落后的。时人更是极端地认为"女子无才便是德""妇人识字多诲淫"，在这样思想的影响下，即使具备使女子受教育条件的家庭，也不肯教女孩子读书识字。传统封建思想严重制约着我国女子教育的发展，直至今日在我国的部分地区，仍然有很多家长对于男子教育的重视程度要远高于对女子教育的重视程度。

1. 城市化进程中外来务工人员的家庭教育观

家庭概念的不断演化成为当今时代的主要标志之一，当然，20世纪80年代和90年代出生的人大部分已结婚生子，这些人从出生到结婚生子一直都处于社会的大发展、大繁荣时期，各种新式思想不断影响这一代年轻人的价值观念，对于教育他们有不同的认识，对于教育子女他们有不同的理念。与传统教育最大的不同在于，教育不再具有固定的模式，也不再是仅仅学习四书五经、伦理纲常的封建教育，科学成为这一时代教育的核心。但是父母对子女的教育依然是这一时期中华民族的传统道德，是家庭和谐与"生长"的重要条件。

首先，城市外来务工人员认为教育子女是父母应承担的社会义务。城市化进程的不断加快必然导致新生代城市外来务工人员父母对子女教育认识的提高，他们对家庭教育的重要性认识提高，意识到孩子的出生就是责任的来临，对孩子的教育不仅是学校和社会的事情。人不是生而知之，而是学而知之，孩子最早接触的是父母，因此父母是孩子的第一任老师，家庭是孩子的第一所学校。

其次，城市外来务工人员认为在当前社会，父母的素质和修养与子女成才关系很大。从现实情况来看，城市外来务工人员已成为一个独特的社会群体，是跨世纪劳动力大军中的一支有生力量。随着时间的推移，孩子渐渐长大，知识逐渐增多，思想日趋成熟，这就对父母提出更高的要求，那么父母就必须不断学习，不断提高自己。笔者认为新时代的城市外来务工人员家长应该从思想道德品质修养、文化知识修养和言行仪表修养等方面来加强自身修养。

最后，城市外来务工人员认为家庭教育、学校教育和社会教育应具有一致性。当今家庭、学校、社会已经不是一个孤立的个体，它们之间的互动已经非常频繁，这三种教育形式也共同构成了人生教育的一个整体。当然，这三者的教育目的都是把受教育者培养成为一个全面发展的人，其中，家庭教育是基础，学校教育是主体，社会教育为补充，但是学校教育和社会教育又时刻反馈着家庭教育。只有家庭教育进行得好，才有可能为学校教育和社会教育提供坚实的保障。

2. 多元化的现代家庭教育内容

（1）用社会主义核心价值观教育子女。现代社会需要的是全面发展的人才，因此"五育"（指德育、智育、体育、美育、劳动教育）并举不仅是学校教育必须贯彻的，更是家庭教育必须遵循的。其中德育是当前家庭教育和学校教育必须放在首位的工作。品德的形成是一个逐渐发展、定型的过程，并且呈现阶段式特点。因此，家长要根据孩子年龄的特点提出不同的要求，生动而又形象地进行社会主义核心价值观教育。在教育的过程中，方法要合理，形式要多样，要符合儿童的接受能力。有时候可以着重于说服，提高孩子的道德认识；有时候可以陶冶情操，转变孩子的心理情绪；有时候可以从指导行动入手，培养孩子好的行为习惯；等等。

（2）全面培养孩子的智力。当前教育科学的多元发展以及不同教育理念的引入，使人们对于儿童的教育也表现出不同的认识，尤其表现在培养孩子的智力方面。培养孩子的智力，不仅是增长孩子的自然科学、社会科学、思维科学的基本知识，更重要的是提高孩子运用知识的基本技能。要全面培养孩子的智力：认识能力，这是孩子认识周围世界、获得知识、分析问题、解决问题的基础；观察能力，是指孩子运用感觉器官去感知事物、认识事物，能够锻炼综合分析能力，是思维发展的基础；注意力是孩子顺利学习的重要条件；记忆力是孩子巩固所掌握知识的重要条件；思维能力，这是智力的核心；语言表达能力；等等。

（3）发展体育运动，增进孩子健康。当今社会体育已经成为学校教育的重要组成部分，无可置疑，体育也应该是家庭教育的基础环节。在家庭教育中家长一定要充分认识到体育的重要作用，摆正体育的位置，使子女有健康的体魄和旺盛的精力，提高学习和工作的效率。在家庭中家长要处理好子女学习和体育活动的关系，根据孩子的特点，运用生动活泼的方式和方法，引起孩子对体育活动的兴趣，充分培养孩子的社会交往能力，力促孩子智商情商协同发展。

（4）增强美感教育，陶冶孩子情操。家庭中的美育主要是利用现实生活中的美和艺术美进行，培养孩子的审美意识、爱美观念和创造美的能力。正确的美感教育对促进孩子学习效果有特殊作用，因为孩子的思维形式主要以形象思维为主。家长赋予孩子正确的美感事物，会在孩子的审美意识中留下深刻的印象，从而提高孩子对美的认识。美的事物会给人带来愉悦的心情，培养孩子的爱美观念和审美能力，在很大程度上可以培养孩子对美的欣赏力、鉴别力，有助于孩子树立正确的生活态度以及向往和追求美好生活。

（5）进行劳动教育，培养动手习惯。劳动教育是教育孩子全面发展的一个重要组成部分，培养孩子的劳动观念，使其养成热爱劳动的好习惯，不仅能促进孩子身体健康成长，而且有助于开发孩子智力，培养孩子的道德情操。家长要让孩子深知，是劳动创造了人类的一切，劳动是人类生活的需要，热爱劳动是光荣的事情；尊重别人的劳动成果，是高尚的品质。使孩子养成积极参加家庭劳动和社会劳动的习惯，这样可以很好地提高孩子的动手能力以及思考问题的思维能力等。

（五）从传统孝道观的更迭到家庭孝道观的深化

前面我们认识到了在我国传统社会中的孝道主要是以儒家的孝道为主要内容，强调在中国传统社会，亲子（父母、母子）关系的道德规范以"孝"为本。《隋书·经籍志》引郑玄《六艺论》，言孔子作《孝经》以总会六经，说明全部宗法伦理、礼教、诗教、律令的根本就在于以亲子关系为基础的孝道。其中，既具有古往今来人类共通的天伦之爱的至性至情，又在传统社会特定的历史条件下走向了长者本位的伦理异化，从而鲜明地打上了父权家长制的农业宗法社会的时代烙印。

相对于封建孝道或者传统的孝道，当代孝道的建设必须遵从社会主义的经济基础，以公有制为主体，以人格平等为前提，以父慈子孝的家庭道德为核心，建成对家庭尽孝、对社会尽责、对国家尽忠的新型道德规范。严格意义上来说孝道不仅是一种家庭道德，还应该是公民基本道德规范，并和职业道德、社会公德紧密相连。当前的孝道观具有以下的特征。

（1）强烈的情感。笔者认为当代的孝道主要是依托于亲子之间的感情而建立起来的，与传统社会相比，现代社会父母与子女之间的交流更为频繁，新生代的父母不再局限于传统思想，更多地提倡亲子之间的平等与互动。而子女也同样失去了传统社会中兄弟姐妹、大家族聚居的生活圈，父母成了他们的生活支柱，因此家庭成员之间的情感会更加强烈。

（2）民主性。民主性是这一时代的主要特征之一，这种特征主要体现在精神层面的相互理解以及物质层面的资助。子女不再是家长的财产，家长也不再是一言堂式的，当代的孝道主要是建立在民主之上的，坚持民主是家庭孝道的基本原则。

（3）突出的时代性。城市化进程的不断加快，信息技术的高速发展，促使社会形态发生了翻天覆地的变化。现代的家庭孝道已经不同于传统孝道，表现出很强的时代性，很多传统孝道已经不能适用于当今社会。比如，传统孝道要求"父母在，不远游，游必有方"，这和当时的小农经济及交通通讯的不发达状况有关，孩子远游，一旦父母发生意外，则"生不得相依，死不得相问"了。但是在当前社会这种状况已经很少了。

（4）严整的规范性。社会主义孝道完全区别于封建孝道的一个重要特征在于封建孝道在教育之外依托于"礼"和"刑"来强化实施。当代的孝道主要是通过教育、倡导、舆论批评和鼓励启发人们自觉实践。主要包括四个方面：孝养，为父母提供物质生活条件；孝敬，是建立在血缘基础上的敬爱之情，是比赡养更高的一种伦理尺度和道德要求；孝顺，主要包括理解父母，尊重父母的意志、思想、人格，对父母做出的合理选择与决定，尽量支持并实施；孝思，当父母不在身边时，应该经常思念父母、牵挂父母。为人子女应该怀有"树欲静而风不止，子欲养而亲不待"的恐惧心情。

（六）从传统家权的弱化到新型家权的确立

前面笔者梳理了我国传统社会中家权的几种形式，以及家权的形成过程，不可置疑的是在传统社会中占主要地位的家权形式是夫权制，即丈夫是一家之主，有绝对的决策权。在当前社会，我国城市化进程的不断加快，以及西方文化的影响，加之家庭结构的变迁，导致传统家权观念瓦解，新型家权理念建立。笔者认为我国目前的家权模式主要有4种。

（1）协商型。夫妻双方或家庭中的其他成员，在家务管理方面不分主次，也没有十分固定的分工，小事情各自处理，大事情则经过全体成员研究、磋商，形成一致意见。这种类型主要适用于夫妻感情很好、经济宽裕、家庭结构简单、家务劳动较轻的家庭。

（2）主从型。夫妻双方或其他家庭成员中有一人主管家庭事务，其他人处于辅助或从属地位。主要分为绝对主从型和相对主从型。绝对主从型属于我国封建社会的糟粕，相对主从型是现代社会的一种进步。我们的社会习惯于"男主外、女主内"，直到今天不少家庭仍然是这样。在这里我们要注意区分，封建社会的"男主外、女主内"实际上是建立在男子统治的家长制基础上的，现代生活中的"男主外、女主内"，多数是建立在男女平等基础上的不同分工。

（3）独断型。独断型是一种十分不平等、统治式、压制式的家庭管理形式，是一种专权形式。在这种类型的家庭中，某个家庭成员凭借某种优势，凌驾于其他家庭成员之上，独断专行，其他成员虽有意见也只能任其摆布。在现代社会这种独断型的家长制模式仍然不少，如男子在家作威作福的很常见，"妻管严"的现象也很普遍。

（4）自由型。主要指家庭成员各取所需，放任自流。这种情况产生的原因有两种：一种是新婚夫妇还不懂得如何管理家庭，因而放任自流；另一种是夫妻双方感情破裂，对这个家庭已经不愿意负任何责任，于是放任自流。

这几种家权管理模式是当前社会城市外来务工人员家庭成员之间由于价值观的不同而产生的主要形式，但是家庭管理究竟采取哪种形式最完善、最有利于建立美满的家庭，往往不是自己可以选择的，而是受多种因素制约的。

（1）经济因素。如果一个家庭的经济十分宽裕，那么就很可能采取协商型这种不太严密的家庭管理形式。如果收入不高，经济不太宽裕，就有必要采取主从型，由一个人掌权当家，统筹安排。

（2）能力因素。不同的人能力不同，优势不同，如果某个家庭成员十分精明能干，精于治家，理财有道，那么大家信任他，让他当当家人，这就可能形成主从型的家庭管理模式。

（3）感情因素。夫妻感情不好，就很可能采取自由型的家庭管理模式；如果夫妻感情好，就可能采取协商型或主从型的家庭管理形式。

（4）历史因素。家庭管理形式还受家庭传统习惯的影响。例如，某个家庭从来都是妇女当家，这个习惯就一代一代地传下来；有些家庭受家长制的影响严重，长辈就会习惯独断专行。

从目前的情况来看，城市外来务工人员家庭妇女当家的居多，农村家庭以男子当家的偏重。这主要与家庭经济生活具有不同的特点有关。

（七）从传统家风的解构到新型家风的构建

前面笔者论述了家风的主要内容以及家风在家庭道德建设中的作用，并指出好的家风是一个家庭在好的道德环境中日积月累的结果，它的形成同样会对家庭成员形成长久的感染力，是好的家庭道德的持久推动力。

当前适应我国城市化现状的家风有哪些呢？它们具体呈现出哪些特征呢？对于这些问题的梳理是当前笔者研究的重要内容。

1.新型家风的内容

（1）尊老爱幼是现代家风建设的主要内容，也是中华民族的传统美德。倡导尊老爱幼，营造家庭和美之风，不仅是文明社会的需要，也是每一个人都不能遗忘的基本道德。

（2）勤俭持家。在当前社会勤俭持家是保持家庭和睦、健康发展的重要条件。勤俭节约、艰苦奋斗是中华民族的传统美德，勤俭持家关系到每个家庭成员的切身利益，是每个家庭成员都应该遵守的家庭道德。

（3）男女平等。社会主义家庭成员之间是民主平等的关系，这是社会主义民主政治生活原则在家庭中的体现。在现代家庭里，家庭成员之间要人格平等，夫妻之间是平等的，其他家庭成员的地位也应当是平等的。父母和子女在家庭中所处的自然地位可能不同，但是在人格上没有尊卑之分。

（4）夫妻和睦。夫妻是家庭的主体，夫妻和睦相处是家庭和谐的基础，正确处理夫妻关系是家庭存续的保障。

（5）诚信。诚信是一个人的立身之本。中国古代思想家十分重视"诚信"在家庭生活和社会生活中的重要作用，认为"人而无信，不知其可也""民无信不立"。"曾父烹豕，以教诚信"的故事，充分说明诚信在家风中的重要意义。

（6）勤奋好学。"励志勉学""诗礼传家"是中国家风中的一个更进一步的要求。它不但在知识分子的家庭中，而且在广大劳动人民的家庭中，"识书知礼"也成为人们所追求的一个高尚目标。

这里笔者列举了当代社会中需要大力倡导的六种优良家风，但是如果是领导干部家庭，笔者认为还应该做到：从家做起，扶正家风；立家身正，率先垂范；爱家有度，立足长远；从严治家，共保廉洁；表里如一，言行一致。

2.城市化进程中外来务工人员家风的主要特征

（1）家庭关系平等化。社会主义家庭所有成员之间平等，不存在传统意义上的丈夫"一言堂"的局面。加上在当前社会，夫妻双方都有各自的职业、各自的经济基础，城市外来务工人员接受了新式的家庭伦理思想，平等化、民主化逐渐成为引导现代家庭关系的指导理念。

（2）家庭管理民主化。城市化进程中的现代家庭成员间的关系是建立在生产资料公有制基础上的，家庭成员之间是平等的关系。现代家庭摆脱了传统的家长制模式，每个家庭成员都是家庭的主人，经济民主化是现代家庭管理的主要内容。在处理家庭经济事务时，不独断专行，涉及家庭整体利益的大事，要做到民主、公平、合理地征求意见。

（3）家庭教育统一化。家庭教育的统一，不仅表现在受教育者与教育者在地位上的平等、在教育内容上的统一，而且还表现在教育方式上，即每个家庭成员在接受教育时务必遵循科学规律，科学地进行教育活动。同时统一性还表现为家庭教育的目标、原则与社会教育的目标、原则相一致，都是要以当代社会的主流价值观为家庭教育的逻辑基点。

（4）家庭生活情爱化。家庭的变化受社会经济变化的影响，家庭的性质植根于社会的经济基础之中。在封建社会，自给自足的小农经济造就了传统的主干家庭形式以及以此为基础的世系庞杂的联合家庭。这种家庭有很深的门第观念以及对妇女地位的漠视，妇女在传统家庭中丧失自我。核心家庭是当今社会的主体，夫妻双方以爱情为基础，缔结婚姻，组成家庭，并以性爱、理想和责任构成情爱系统，实行真正的一夫一妻、男女平等的家庭模式。

第二节　城市化进程中外来务工人员家庭道德建设的原则、目标和伦理引导

一、城市化进程中外来务工人员家庭道德建设的原则

在我国城市化进程的关键时期，落实好城市外来务工人员家庭道德建设成为我国城市化进程中重要的推动力量。2019 年 10 月，中共中央、国务院印发了《新时代公民道德建设实施纲要》，其中明确了家庭是社会的基本细胞，是道德养成的起点。要弘扬中华民族传统家庭美德，倡导现代家庭文明观念，推动形成爱国爱家、相亲相爱、向上向善、共建共享的社会主义家庭文明新风尚，让美德在家庭中生根、在亲情中升华。通过多种方式，引导广大家庭重言传、重身教，教知识、育品德，以身作则、耳濡目染，用正确道德观念塑造孩子美好心灵；自觉传承中华孝道，感念父母养育之恩、感念长辈关爱之情，养成孝敬父母、尊敬长辈的良好品质；倡导忠诚、责任、亲情、学习、公益的理念，让家庭成员相互影响、共同提高，在为家庭谋幸福、为他人送温暖、为社会作贡献过程中提高精神境界、培育文明风尚。那么在家庭道德建设中，我们必须坚持的基本原则包括以下几个方面。

（一）赡养为主，注重精神

城市化的快速发展并不代表我们要完全抛弃传统，历经几千年的传统文化必然有其合理的一面，我们应该辩证地继承。与传统孝道观相比较，当代新生代城市外来务工人员的孝道观内涵具体、丰富而新颖。他们非常注意体谅父母的心情，关心父母的心理状态，体恤父母的内心世界，如在善事父母的观点上，他们认为应该抽时间多陪伴父母，适当安排外出旅游；关心父母身体健康，带父母定期进行身体检查等。由于城市外来务工人员大部分都不能带父母出去打工，导致空巢家庭的数量不断增多，很多年轻人为了工作和事业不得不离开父母而单独生活。现在子女对父母的孝已不只是停留在早请示、晚汇报上，而是通过电话、语音、网络视频等现代媒介来传递爱心。

紧张快速的生活方式使孝道的内涵越来越丰富，从而减少了长幼之间的某些心理摩擦，同时使年轻人尽量做到理解老人出现的种种变化；更加注意满足老人的精神需求；不再替老人包办一切；鼓励老人参与社交等。研究表明，封闭与孤独会加重老年人的迟暮感，所以，有专家呼吁坐下来听听老人们说话，多与老人们交流！不要担心老人的思想陈旧保守，这是他们用大半生的经历换来的，总有可参考的价值，有些正是我们最需要的；也不要嫌老人的唠叨烦心，当有一天这熟悉的声音离你远去，你将会无比怀念。这就表明在城市化进程中家庭孝道建设的原则必须注重对老人精神的抚慰，这也是城市外来务工人员对父母尽孝需要遵循的基本原则。

（二）修身为本，严于自律

城市化进程中人们对诚信、勇敢、正直等优秀品格的关注度逐渐提高，在交往时也更看重这些品格，这就对城市外来务工人员的自身素质提出了很大的挑战。这些品格的形成很大程度上直接和一个家庭的风气或者氛围有关。修身为本、严于自律在家庭中的具体实施主要侧重于家庭道德教育的自身修养，这在很大程度上与家庭的风气有关，好的家庭教育必然形成好的家庭风气，一个人不能做到修身和严于自律，那么也必然不能促进好的家庭风气的形成。在当今社会进行家庭道德教育的最终目的不是让家庭成员只懂得真善美与假恶丑、是与非、荣与辱，而是还要适应社会主义现代化建设发展的需要，按照社会主义道德原则和规范，提高人们的道德素质，培养和造就社会主义新人。

注重道德修养和严于道德自律几乎是中国各代各家各派学说的共同特点，但是儒家将修身为本和道德自律讲得最多。儒家伦理特别注重个人的道德修养，强调"自天子以至于庶人，壹是皆以修身为本"。《大学》中强调，修身是齐家的前提："此谓身不修，不可以齐其家"；"身不行道，不行于妻子"。修身、齐家又是治国的前提："所谓治国必先齐其家者，其家不可教，而能教人者，无之。"修身就是要以身作则，先在家庭中推行道德教化，然后再把这种道德教化推行到国家。《曾南丰集·列女传目录序》指出，"古之君子，未尝不以身化也，故《家人》之义归于反身。"儒家认为，要想正人，必先正己。这种认识在当今社会仍是有一定的科学道理的。在当今社会，和谐的家庭环境的建立离不开家庭成员高尚的道德水平。孔子说："君子有三戒：少之时，血气未定，戒之在色；及其壮也，血气方刚，戒之在斗；及其老也，血气既衰，戒之在得。"年轻时血气未定，对异性的态度不专一。在今天，婚外恋是影响家庭幸福的主要因素之一；壮年时血气方刚，往往争强好胜、好勇斗狠，这是导致犯罪事件频发的关键因素，也是家庭破裂的主要诱因；年老了血气即衰，来日无多，容易贪得无厌，这也是导致老年不幸和家庭悲剧的重要原因。孟子从"事亲"的角度来讲人的道德操守，他说："事，孰为大？事亲为大；守，孰为大？守身为大。不失其身而能事其亲者，吾闻之矣；失其身而能事其亲者，吾未之闻也。孰不为事？事亲，事之本也。孰不为守？守身，守之本也。"[①] 这是说一个不使自身陷于不义的人，才能侍奉好自己的父母；那种缺乏操守的人是不能侍奉好父母的。为了不使自己陷入不义，就要时时注意检点自己的言行，注重内心的自我反省。

中国传统文化关于修身的学说，包含了大量合理因素，对于我们民族性的塑造发挥了积极的作用，使得刻苦耐劳、坚忍不拔、砥砺气节、讲究操守成为我们民族最可贵的品格，尽管这些品格在许多方面不免带有旧时代的印迹，但扬弃它在特定历史条件下的具体形式和特殊应用，是当今时代家庭成员进行修身和自律的价值诉求。

---

① 赵庆杰.家庭与伦理[M].北京：中国政法大学出版社，2008：95.

（三）讲究诚信，忠恕待人

笔者认为，讲究诚信、忠恕待人是家庭和谐的重要调节力，夫妻之间的、长幼之间的诚实守信、相互谅解正是当前社会主义和谐社会的要求所在。

《中庸》中讲："惟天下至诚，为能尽其性。能尽其性，则能尽人之性，能尽人之性，则能尽物之性。能尽物之性，则可赞天地之化育。可以赞天地之化育，则可以与天地参矣。"[①] 在中国的传统社会中，无论是处理人与自然的关系，还是处理家庭伦理关系，或者是治国平天下，都被看作"赞天地之化育"的不同形式，都需要通过"梳理阴阳"的途径。在家庭伦理中，夫为阳，妻为阴，尊长为阳，卑幼者为阴，要想赞天地之化育，就必须阴阳调和。这就要求夫妻之间一定要做到诚信、真实、真心，共同为家庭的未来去奋斗；长幼之间要诚信，只有这样才能更好地处理家庭成员之间的关系，达到家庭成员间的和谐相处，荣辱与共。

忠恕之道要求一个人立身处世要严于律己，宽以待人。曾子讲过："夫子之道，忠恕而已矣。"在当前社会生产力高速发展，人们的社会分工也不断精细，夫妻双方都有自己的工作，同时交往对象也出现了高度的频繁化和复杂化，尤其是女性群体，已经不可能再像传统社会一样只是在家做饭、洗衣、带孩子，她们已经成为社会生产力的重要组成部分。如果每个家庭成员都把对方的过失记在心上，耿耿于怀，那么这样的家庭每个人都活在猜忌和恐慌之中，更不要谈什么家庭和睦、其乐融融了。孟子早在几千年前就提出"三自反"的精神，他说，假如有人对我横逆无道，君子就要自问我是不是有不仁或无礼之处？不然怎么会有这样的事情发生？如果觉得自己已经讲仁义有礼节，君子又要自问：我是不是还有不忠之处？如果觉得自己已经忠诚，而他还纠缠，那么君子才说：这是一个无知妄作之人。[②] 这种精神不仅仅在封建社会中有着重要的指导作用，即便是在当今社会，城市化进程的不断加快，人们的生活压力不断加大，夫妻之间，以及家庭成员之间难免会出现一些小的摩擦或者矛盾，如果每个家庭成员在产生矛盾的时候都可以像孟子一样先

---

① 鲍鹏山.《论语》导读 [M].广州：广东高等教育出版社，2002：132.

② 杨伯峻.孟子译著 [M].北京：中华书局，2008：30.

进行自身的反省，那么很多矛盾或者家庭悲剧都可以避免。但是针对传统的家庭伦理中诚信与宽恕的道德典范，我们应该批判地继承，取其精髓，去其糟粕。

（四）睦亲和群，注重公义

城市化进程中外来务工人员的生活节奏不断加快，必然导致他们价值观的变迁，很多官本位、钱本位的思想也异常严重，在人与人的交往过程中，很多时候考虑的是这个人是否对我有用，他和我交往是不是有所企图等，在不知不觉中人与人之间就多了一些戒备心理。尤其值得注意的是，城市生活中的家庭关系往往表现得异常陌生，很多家庭不知道自己的邻居长什么样子，同样邻里之间见面也不会主动去打招呼等，久而久之就会产生邻里关系冷如冰的现象。传统的"远亲不如近邻"已不再是家庭搞好邻里关系的普遍信条。

但是睦亲和群、注重公义本就是我们中华民族的传统道德，因为在人们的社会关系中，除了人与他人的关系之外，还包括个人与群体、群体与群体的交往，其中家庭与家庭之间的交往就是群体与群体之间的交往。睦亲和群的家庭道德是将血缘关系与生产关系融为一体的家族制度及其伦理所派生的，又深刻地贯穿和体现于传统社会的家庭伦理和"天下国家，本为一理"的政治伦理之中。《怀宁任氏宗谱》就告诫族人道："乡里是同乡共井，比居相临，务须一心一德，好事大家共成之，不得故生异同。不好事大家共改之，不得私行诽谤。彼此交际，和气蔼然。"

睦亲和群、注重公义的精神，原本是在原始氏族社会中形成的。马克思指出："原始社会的氏族组织并不是专制的桎梏，而是群体即原始共同体给人带来满足和乐趣的纽带。"家庭是社会的重要组成部分，家庭的利益和整个社会的利益是一致的，所以只有家庭之间建立起相互联系、荣辱与共的纽带才有可能最大限度地实现社会利益。

睦亲和群、注重公义简约地说就是一种群体的精神，体现在伦理道德中，就呈现出这样的情形，无论是在民族内还是家族内，道德所寄托的那一种感情、一种意识和一种意志，都不限于个人的人格和利益，而是包罗着全体一般的共同利益。中国传统道德重"公"和"义"，道家认为："天道亏盈而益谦，地道变盈而流谦，人道恶盈而好谦"一个人只是为了私，纵得富贵，亦为"天道""地道""人道"所忌，或祸及其身，或祸及子孙；相反，"既以为人，己愈有；既以与人，己愈多"，因为天道总是"损有于而补不足"的，你为人、与人而吃了亏，社会自然会补偿你。就我国的社会主义道德评价体系而言，无论是人们行为的善恶还是道德品质的好坏、道德境界的高低，也必须将集体主义原则作为最基本的道德标准。在伦理学的视域内，集体主义原则和个人主义或利己主义原则是直接相对的。这也是家庭之间相互帮助，相互体谅的根本所在，一个家庭不可以为了自身的利益而去损害其他家庭的利益，这是家庭道德的最低标准。况且家庭需要一个和谐的成长环境，这种环境的营造不仅仅是靠家庭自身内部的构建，在很大程度上，家庭之间的外部环境也是极其重要的。睦亲和群、注重公义是家庭之间、邻里之间和谐相处的金科玉律。

（五）追求和谐，向往大同

追求和谐、以人为本是当前我国社会主义建设过程中的主流价值，正如前面所讲，无论是赡养为主、注重精神，还是修身为本、严于自律，也无论是讲究诚信、忠恕待人，还是睦亲和群、注重公义，其中都贯穿了一种追求和谐的精神。这种追求个体与他人之间、个体与全体之间、群体与群体之间的和谐，正是从"家和万事兴"的治家原则引申而来的；而和谐之极致，乃是中国墨家和秦汉之际"援墨入儒"的儒家共同主张的"大同"境界。这种境界理应成为我国当今社会家庭道德建设的主要原则之一。

中国的伦理，首重家庭和家族内部的和谐。古人常以"琴瑟和谐"喻夫妻关系，又以"父慈子孝"规范父子关系，以"兄友弟恭"规范兄弟关系，通过这些规范以实现家庭内部的和谐："妻子好合，如鼓琴瑟。兄弟既翕，和乐且耽。"在家族中则强调"亲亲"，《礼记·大传》曰："人道亲亲也。亲亲故尊祖，尊祖故敬宗，敬宗故收族。"[①]认为社会的根本道理就体现在同宗共祖的人际之间的血缘情感——宗绪之情之中。与此相联系的还有敦睦乡里，即注重社区生活的和谐理念等。

至于追求"大同"，是对我们社会主义和谐社会的一种向往，同样

---

① 李桂梅.现代家庭伦理精神建构的思考：兼论自由与责任[J].道德与文明，2004（2）：58-62.

也是我国在家庭道德建设中的一种理想状态。据资料显示，在我国历史上形成的"大同"理想源于墨家。《墨子·兼爱》中假托"文王之治"对大同理想做了初步的描述："昔者文王之治西土，若日若月，乍光于四方于西土，不为大国侮小国，不为众庶侮鳏寡，不为暴势夺嫱人黍稷狗彘，天屑临文王慈，是以老而无子者，有所得终其寿；连独无兄弟者，有所杂于生人之间，少失其父母者，有所放依而长。"① 这都是对于家庭和睦、邻里和谐、社会大同的终极向往，在今时社会，虽然各种文化不断冲击着中国传统，但是基本的血缘亲情、乡党热情、民族感情时刻都是紧系千万家的精神纽带。继承古老的大同理想，扬弃各种私利主义的精神糟粕，融合国外的先进文化，有益于我们向当前人类的普遍价值观念进行靠拢，促进现代化中国家庭新道德的全面实现。

二、城市化进程中城市外来务工人员家庭道德建设的目标

在我国和谐社会建设的过程中，中共中央、国务院印发的《新时代公民道德建设实施纲要》中将家庭道德建设放在了极其重要的位置，也就是说家庭道德建设是当前社会主义精神文明建设的主要方面，是顺利推进我国和谐社会建设进程的重要保障，同时也是提高人们幸福生活指数的重要指标。其中主要强调了：尊老爱幼、男女平等、夫妻和睦、勤俭持家、邻里互助等五个方面。这五个方面系统涵盖了夫妻之间的爱情、父母子女间的亲情以及邻里间的友情关系，而且也突出了"勤俭持家"的传统道德。从很大程度上来说，这些道德是处理家庭问题的重要依据，同时也是维护家庭和谐的重要规范，这些规范不仅规定了家庭管理中的伦理道德，也对人与人之间的交往提出了具体的要求，同时强调对我们中华民族传统道德的继承与发扬，这也是我国在当今阶段，在城市化进程的重要时期需要积极深化的家庭道德建设的主要目标。

（一）尊老爱幼

对于尊老爱幼，前面笔者已经进行了一定的阐述，但是在新时期的中国，由于老人在很大程度上已经不再是传统社会中的"家长"，子女也

---

① 赵庆杰，王利华.近现代中国社会家庭的伦理解读[J].求索，2009（10）：101-103.

不会再去遵守"父母在，不远行"的孝道规范，当然这种规范在生产力高速发展的今天是不可能有存在空间的，正因如此，老人成了当今社会的弱势群体。而"农民工"的出现加剧了这种现象，"老无所依，幼无所靠"成为现实。

由于城市化进程的不断加快，老人赡养问题、幼儿教育问题将成为阻碍我国城市文明进程的主要问题。国家在大力发展生产力的同时必须注重对老人赡养问题的经济投入以及幼儿教育资源的倾斜，那么加强对当前社会青年进行尊老爱幼的家庭道德引导和教育就是十分必要的。笔者认为，对于城市外来务工人员的老人的赡养问题必须做到赡养和敬养相结合，注重对老人进行物质帮助的同时，加强对老人精神的慰藉。而对于儿童的抚养一定要做到养和育的结合，既要保证儿童正常生长所需要的物质条件，又要完善儿童的教育体系。在新时期，只有做到尊老和爱幼的统筹结合，才能建立起和谐的家庭环境，才可能有力推进和谐社会的建设。

（二）男女平等

城市化进程中，由于西方文化的影响，我国生产力结构的不断变迁，以及社会分工的不断明确，民主、平等早就成为当前社会的主流价值。这种平等在家庭中则更多地反映在夫妻关系上。自封建社会解体以来，夫妻之间的关系经历了翻天覆地的变化，妻子不再是丈夫的私人财产，丈夫也逐渐退出家庭家长的历史角色。当然，在一些偏僻的农村，人们的价值观念还停留在传统的道德机理之中，男尊女卑的思想仍然十分严重，而城市中也有很多大男子主义以及大女子主义的存在，但是历史的潮流是向前发展的，生产力的进步必然导致人们价值观的变迁。

男女平等的第二个很重要的方面体现在子女生养和教育中。传统社会奉行只有儿子才是传宗接代的继承人，而女儿是要出嫁的，是别人家的人，这很大程度上对城市外来务工人员家庭生育观和子女教育观造成影响。在子女教育中很多地区的人也表现出这样的心理，很多家庭对女儿的教育投入要远远低于儿子，甚至有的家庭根本不会让女儿接受教育，但是随着社会的进步，这种现象在很大程度上已经得到缓解。笔者认为对于男女平等的理解，不仅仅体现在夫妻之间，还体现在子女教育上。

城市化进程中的男女平等是决定城市化顺利推进的重要因素，也是维护我国人口性别比例均衡的重要保障。

（三）夫妻和睦

无可置疑，夫妻关系是家庭中的核心关系，夫妻关系不和谐则整个家庭必然不稳定。笔者认为要想夫妻和睦，必须做到以下几点。

首先，夫妻之间互敬互爱。这主要在于深化持续的爱情，维护和发展夫妻和睦的关系。敬是尊重，爱必含情，互敬互爱可以理解为夫妻之间饱含感情的尊重，尊重对方的人格，尊重对方的劳动。其次，夫妻之间互信互助。信任是对待别人的举动和对待他本身的一种态度，这种态度建立在他的正当、忠实、善良的基础上。"长相知，不相疑"是可以消除猜疑、避免误会的基本律条。再次，互慰互励。夫妻一方遭受不幸，如果可以得到对方的安慰和鼓励，就会产生很大的精神力量，同时产生感激之情和爱戴之意。最后，互谅互让。每一个人都有优缺点，都会有困难和苦衷，互谅互让可以避免纷争，增进感情，相反，如果一方无理搅三分，一方有理不让人，那么夫妻之间将会感情破裂，形同陌路。这就是在城市化进程中，维护家庭和谐需要倡导的夫妻之间理想的关系，这种关系必须建立在双方互相理解和互相尊重的前提下。

（四）勤俭持家

勤劳致富、节俭持家是我们民族大力提倡的传统道德。在城市化快速推进的今天，人们的消费观念总是受到生产力的严重制约，同时也因为人们物质水平的不断提高，精神方面的消费也不断增加。而人们是否能够按照社会主义的家庭道德观去正确处理家庭经济生活的一系列问题，做到勤俭节约、收支平衡、年年有余，是当前我们进行家庭道德建设的重要标准。

社会的进步使越来越多的家庭日益成为单纯的消费单位，逐渐脱离物质生产单位。"当需要的增长产生新的社会关系，而人口的增多又产生了新的需要的时候，家庭便成为从属的关系了。"① 家庭的职能随着生产

---

① 马克思，恩格斯.马克思恩格斯全集：第 3 卷 [M].中共中央马克思恩格斯列宁斯大林著作编译局，译.北京：人民出版社，1956：32.

力的发展，以及人们各种需要的不断增长，其已经不再承担生产职能。改革开放40多年来，由于城市进程的起点不同，各个家庭的经历必然不尽相同，就形成了形形色色的消费观念。蔡元培在论用财之道时，精辟地分析了几种消费观念："然世人徒知增殖财产，而不知所以用之之道，则虽藏镪百万，徒为守钱虏耳。而矫之者，又或靡费金钱，以纵耳目之欲，是皆非中庸之道也……二者实皆欲望过度之所致，折二者之衷，而中庸之道出焉，谓之节俭。"① 这些消费观在现在的生活中主要表现在：一是"吝啬观"，即只知道存钱，不知道花钱。二是"奢侈观"，这就是现在的超前消费，即花明天的钱办今天的事。三是节俭观，是我们国家大力提倡的家庭消费观念，也是我国现阶段家庭道德建设的主要内容。

（五）邻里互助

"远亲不如近邻"强调的是除家庭内部关系之外的家庭外部关系，家庭的成长以及家庭结构的稳定不仅仅是靠家庭成员之间的协调来实现的。稳定的外部环境是家庭健康的重要保障，尤其是在社会高度发展的当今社会，人们之间的交往愈加频繁，交往的范围也逐渐扩大，邻里间的相互支持和信任就显得尤为重要。

我们不难看出由于我国产业结构的调整，以及中央大力推进城市化进程，很多传统的农民便成为"农民工"来大力支援城市建设，很多的妇女、儿童、老人便成为农村家庭的主要成员，以往男人在家可以独挑大梁的事情全部落到了女人甚至老人的头上，这必然导致农村生产力的降低，如果家庭之间的关系相处较好，那么邻里之间将会出现互相帮助，共渡难关的局面。在城市也同样如此，由于网络的盛行，人们可能认识千里之外的陌生人，但是却不知道自己家邻居长什么样子，出现"各家自扫门前雪，哪管他人瓦上霜"的尴尬局面，从而导致小区环境脏、乱、差，甚至还产生很多的安全隐患。因此和谐的邻里关系是家庭稳定的外部保障，理应纳入家庭伦理道德的建设范围，而构建好的邻里关系也是当前我国家庭道德建设的主要目标之一。

---

① 中国蔡元培研究会.蔡元培全集：第2卷[M].杭州：浙江教育出版社，1997：84.

三、城市化进程中城市外来务工人员家庭道德建设的伦理引导

（一）对传统家庭道德观的继承

中国向来是注重礼仪伦理的国度，伦理道德是封建王朝进行统治的主要手段之一。纵观整个中华文明的道德瑰宝，不难发现仍然有许多合理又具有普遍意义的道德律条值得我们去借鉴。我国正处在社会主义建设的关键时期，人们的人生观、价值观都在经历着现实的洗礼，外来文化的入侵带来许多文化的糟粕，享乐主义、个人主义、金钱主义等消极价值观已经席卷整个国度。传统的家庭道德已经不能适应现实社会的需要，新的家庭道德的构建必定成为整个时代的诉求。毛泽东同志指出，我们是马克思主义者，我们不应该割断历史。从孔夫子到孙中山，我们应当给以总结，继承这一份珍贵的遗产。[①] 笔者认为，在构建新的家庭道德观的同时，充分借鉴我国传统道德的精髓，对其进行深刻的剖析、改造、创新从而制定出符合现实需要的家庭道德体系，不失为厘清当前家庭道德困惑的明智之举。

1.继承我国传统文化中的"善"的观念

在我国传统文化中起主要作用的伦理倾向应该是"善"。在对我国城市外来务工人员传统道德的相关文献进行梳理的过程中发现，人们使用最多的便是"善"，提倡最多的也是在"善"的基础上进行延伸的。东汉许慎《说文解字》云："性，人之阳气，性善者也。从心，生声。"这里说明人自出生以来都是处在生长的阶段，是开放的阶段，用来说明人的本性是善。孟子比较过善政和善教，他曾在《孟子·尽心》中说："善政不如善教之得民也。善政，民畏之；善教，民爱之。善政，得民财；善教，得民心。"老子对于善有这样的认识："上德不德，是以有德；下德不失德，是以无德。上德无为而无以为，下德为之而有以为。"[②] 老子把人性分为两种，一种是符合道的即含"上德"的人性，一种是符合社会人

---

① 毛泽东.毛泽东选集：第 2 卷 [M].北京：人民出版社，1991：534.

② 臧乐源.中华魂丛书：尚德卷 [M].济南：山东人民出版社，1992：76.

为的伦理道德的"下德"人性。表明人类社会越是发达，人的社会化、文明化程度越高，其人性的善的程度也就越低，其中所具有的道也就越少。同时就说明，当前我国城市化进程越是成熟，人们越是需要"善"的观念，同样家庭道德建设也需要"善"的维系，"道"的调节。

2.要继承儒家倡导的"仁爱"精神

爱是整个家庭和谐的调节剂，是家庭永葆活力的推动力。在新时期城市外来务工人员家庭道德构建的过程中对仁爱精神的要求是其顺利实施的关键。许慎《说文解字》云："仁，亲也。从人，从二。"这里指人与人之间的亲爱。孔子所代表的儒家思想，"仁"是其精髓的代表之一。子曰："克己复礼为仁"[1]；"能行五者于天下，为仁"[2]；"己欲立而立人，己欲达而达人，仁者也"[3]。这里孔子讲到三种"仁"，即爱人、克己、人我交相。但是孔子认为在家庭中最基本的仁是"君子务本，本立而道生。孝悌也者，其为仁之本也。"[4] 在家庭道德中一定要求家庭成员仁爱，充分理解妻子或者丈夫的难处，相互包容，相互扶持。《孟子·尽心》中所说的"亲亲而仁民，仁民而爱物"在今天也不过时。

3.继承传统家庭道德倡导的克己正身、不尚奢浮，消除现代家庭奢浮的消费文化

改革开放以来，我国的生产力水平已经得到显著提高，人们的生活也出现了翻天覆地的变化。但是，社会上的"富贵病"现象也比较严重，大款一掷千金，"追星族"争相效仿，就连农村贫困户也染上了穷吃、穷唱、穷扯和穷愚的"富贵病"。这种奢浮的消费文化既害了自己，也害了国家。要解决这个问题，就要继承传统家庭道德倡导的克己正身、不尚奢浮的思想，要求家庭每一个成员懂得国情，了解现状，严格要求自己，用远大理想克制自己无限膨胀的消费欲望，从而促进家庭道德建设。杜绝享乐主义、个人主义，勤俭节约、克己自律才是构建家庭道德的关键路径。

---

① 鲍鹏山.《论语》导读[M].广州：广东高等教育出版社，2002：292.
② 鲍鹏山.《论语》导读[M].广州：广东高等教育出版社，2002：296.
③ 鲍鹏山.《论语》导读[M].广州：广东高等教育出版社，2002：134.
④ 鲍鹏山.《论语》导读[M].广州：广东高等教育出版社，2002：82.

4.继承儒家倡导的"人和"精神

对于人和精神的理解，笔者认为它是和当前我国提出的社会主义核心价值观相对应的。和谐社会视域下的"人和"就是对城市外来务工人员家庭道德构建的具体要求。孔子说"兄弟怡怡"。"怡怡"，就是和和气气，孟子进一步论述："天时不如地利，地利不如人和。"这都是对人和观念在家庭道德建设中重要作用的具体描述。当今社会由于家庭成员之间不和而产生家庭悲剧的现象已经屡见不鲜了，老人的赡养问题，财产的分割问题，遗产的继承问题，以及父子相残、兄弟相残、夫妻相残的事情令人痛心。所以家人和气是家庭延续的保证，是家族兴旺的前提，同时也是当前家庭道德建设的重要目标。

（二）大力贯彻家庭道德教育

笔者认为大力实施家庭道德教育是培养新时期具有良好家庭道德公民的重要手段，因为孩子是家庭的重要组成部分，是未来家庭的主体，他们道德修养的高低直接影响整个社会道德氛围的好坏。孩子时刻处于生长阶段，是可以塑造的，好的道德教育可以在很大程度上改变孩子对新道德的认识，增强家庭责任感和社会使命感。

1.家庭道德教育的现实必要性

在我国城市化进程不断推进的今天，教育环境不断发生变化，特别是素质教育吸引了家长的主要注意力，而需要正视的现实却是公民的道德素质出现了很大的滑坡，各种道德沦丧的现象频频在媒体曝光，时刻都在影响着青少年的道德判断，家庭道德教育的地位就显得格外突出。从根本上来说，首先，建设适应现代社会需要的新道德不能靠历史上传统道德习俗的感染，相反，必须对传统道德进行辩证的认识和批判的继承；新的家庭道德不会自发地产生，必须通过教育从外部灌输，这样家庭道德教育就显得尤为关键了。其次，家庭道德教育由于持续时间长，影响深，对人生观的形成往往会发生终极效应，具有决定性意义，一种道德观念的形成就会具有强烈的排他性和抗逆性，所以良好的家庭道德教育是培养现代社会所需公民的基础条件。最后，道德教育是构建和谐社会的保证。当前的社会体制改革冲击了旧体制、旧传统、旧观念，触犯了一部分人的利益，同时也违背了一些人的价值观念，使他们产生困惑和不满，同时市场经济的发展使一些人产生了"享乐主义""金钱至上"的价值取向，以此为基础的道德沦丧现象时常发生，因此加强家庭道德教育的力度，引导人们正确的价值观念，这不仅是家庭幸福的保障，也是社会和谐的保证。

2. 家庭道德教育的内容和特点

进行家庭道德教育的最终目的不是只让家庭成员懂得真善美与假恶丑、是与非、荣与辱，是还要让家庭成员适应社会主义现代化建设发展的需要，按照社会主义道德原则和规范，提高人们的道德素质，培养和造就社会主义新人。那么家庭道德教育的主要内容应该分为以下几个方面。

（1）"五爱"教育。爱祖国、爱人民、爱劳动、爱科学、爱社会主义作为公民道德建设的基本要求，是每个公民都应该承担的法律义务和道德责任。必须把这些基本要求与具体的道德规范融为一体，贯穿公民道德建设的全过程。当今时代的家庭成员首先是我国的合格公民，其次是家庭中的一分子，只有在遵守社会规范，维护社会公德的前提下才可能成为一名合格的家庭成员。

（2）法纪教育。国有国法，家有家规。遵纪守法是每个公民的义务，也是形成良好道德习惯的决定因素。在家庭道德教育中，必须要求家庭成员学习法律知识，增强法制观念，万不可越雷池一步。

（3）家庭伦理教育。家庭伦理教育是正确处理家庭成员之间关系的教育。在中国，家庭是社会主义的新型家庭，夫妻以爱情为基础。在进行家庭伦理教育时，应按照《新时代公民道德建设实施纲要》的要求，大力倡导以"尊老爱幼、男女平等、夫妻和睦、勤俭持家、邻里互助"为主要内容的家庭道德。

（4）良好品格和健康心理教育。诚实、正直、勇敢、坚毅、进取心、自尊心等都是一个正常人应该具有的良好品德，这同时也是处理家庭成员之间矛盾，化解人员之间误会的基本品质。正确看待成功与失败、处理压力、处理感情问题，已经和道德教育密不可分。道德教育是预防家庭成员因为挫折或者失败而产生自暴自弃，导致家庭悲剧发生的重要保障。

家庭道德教育的特点主要是针对家庭教育区别于学校教育和社会教

育的主要方面总结出来的，笔者认为家庭道德教育的特点主要表现在四个方面。

（1）家庭道德教育具有独特性。家庭成员以婚姻和血缘为基础结下了深厚的感情，构成了独特的社会关系。无论是相亲相爱的夫妻、相互依赖的父母子女，还是兄弟姐妹姑嫂妯娌之间，都是心心相印的，他们之间的关系是任何关系都不能代替的。这种最具感染力和说服力的独特性，是具有重大意义的。

（2）家庭道德教育具有先入性和奠基性。家庭是人们生活、学习的第一所学校，父母是人生的第一任老师，人对外界事物的认识和理解，以及社会行为的引导和实践都是在家庭成员的影响和启迪之下形成的。这种先入为主的影响，经过长期的沉淀，为人的将来发展奠定了基础。因此掌握家庭道德教育的先入性、奠基性，不失时机地进行家庭道德教育，是加强家庭道德教育的关键和重心。

（3）家庭道德教育具有深刻的针对性、渐进的重复性、长期的依赖性。一般来说，家庭道德教育的计划性、系统性没有学校那样完整和严密，但比学校有着更为深刻的针对性和重复性。特别是长期共同的家庭生活形成的相互依赖、相互帮助的关系，使道德教育和影响形成长期的依赖性，对人的道德品质的形成和发展，产生深刻的影响和终极效应。

（4）家庭道德教育具有灵活性、多样性。目前的学校道德教育仍以班级为单位，集体教学为主，学校只能依据教学大纲、教学计划和教科书，在一定范围内一定程度上"因材施教"，而家庭却不同，它既不受条件的限制，也不受时间的限制，可以随时随地地"遇事施教"，出现什么问题就实施什么样的教育，不需要统一的安排和规划，寓教于养，随遇而诲。

结束语

　　亚里士多德说："人们来到城市是为了生活；居住在城市是为了生活得更好。"按传统的观点，城市代表美好生活，代表现代文明，代表先进文化。"跳农门""农转非""城里人"，进而改变命运，是多少农民梦寐以求的事。而近年来，随着我国城市化建设的不断推进，这种"农转非"的机会不用努力，不用争取，大量的农民变为市民不仅成为可能而且成为必须。

　　改革开放虽然使农村富余劳动力摆脱了土地和居所的禁锢，但并没有打破城乡户籍的禁锢。城市外来务工人员以农民的身份进入城市，极大地推动了中国城市化进程，并且承担起城镇社会中最苦最脏最累的工作，以极低的人力资源成本维持着不断扩张的城镇的建设和正常运转。但制度的限制导致他们无法真正融入城镇，他们户籍在农村，生活和工作在城镇，无法享受城镇社会的各种福利，也无法真正成为城镇的主人。他们是当下社会转型期最大的困难群体，遭遇着物质生活和道德生活的双重困境。

　　当前各地各级政府和学界对城市外来务工人员的问题给予了高度关注，国家层面甚至提出新型城镇化的本质是"人的城镇化"，不光是口头上和纸面上对城镇化的实质做出了新的定义，而且在具体实施过程中，也出现了可喜的局面。城乡壁垒的打破一开始是十分艰难的，随着城镇化的不断推进，加上新生人口的下降，许多城市逐渐放开了户籍的准入，甚至有一些城市出台政策争抢人口。其中，争抢的目标主要是大学毕业生。对于城市外来务工人员落户也逐渐放开，不少城市外来务工人员逐渐在工作的城镇买房、落户、扎根，成了真正的城市人。尤其是党的十八大以来，中国特色社会主义建设进入了新时代，中国社会发生了翻天覆地的变化，整个社会风清气正，整体道德水平持续提高，城乡二元体制在逐渐瓦解，城乡差别不断缩小，共同富裕的宏伟蓝图必将实现。而城市外来务工人员的现状已远非本书撰写之初的状态，城市外来务工人员无论是物质生活还是道德生活都得到了极大的改善，一个富强民主文明和谐美丽的社会主义现代化强国正在逐渐建成。诚然，整个社会对城市外来务工人员的关注仍然是物质层面的扶贫济困，而道德层面的救助引导仍然略显滞后。当然，出于各种原因，短时间内仍然无法彻底打破制度的樊篱，学界的研究也仍然更多关注"扶贫济困"的物质层面，而对城市外来务工人员的道德生活与道德引导关注不够。笔者认为，城市外来务工人员也是城市道德生活的主体，也有道德生活的冲动与追求，理应得到引导与救助，应从物质层面和精神层面双管齐下，切实解决他们的问题，带领他们一起享受社会主义建设和改革开放的成果，引领他们成为城镇社会的主人，真正走上幸福之路。

20 世纪初，陈独秀疾呼："伦理的觉悟，为吾人最后觉悟之最后觉悟。"生活贫苦、社会拒斥、权利缺失等城市生活体验的不如意均不应成为城市外来务工人员放弃尊严、远离道德生活的理由，道德生活法则应成为所有人的"绝对命令"。城市外来务工人员尽快融入城镇，做城镇的主人，这是建设社会主义和谐社会的必须，是实现中华民族伟大复兴的必须，具有重要的现实意义。

道德是人的本质需要之一，是人之为人的安身立命之本，是城市外来务工人员获得社会认同的标签与价值符号。他们既是道德义务的主体，又是道德权利的主体。我们不仅要解决城市外来务工人员群体的衣食住行等物质生活需要，而且要以社会主义核心价值观为引领，以适当的道德宣传、道德教育、道德评价方式，引导城市外来务工人员追求幸福的城市道德生活，共同建设社会主义和谐社会，共同迎接一个富强民主文明和谐美丽的社会主义现代化强国的到来。

社会发展到今天，城市的防卫功能退隐，交易功能和生产功能淡化，生活居住功能凸显，城市的本质就是城市人的幸福家园。那么，新型城镇化的本质是什么呢？中央领导人多次强调：推进城镇化，核心是人的城镇化，关键是提高城镇化质量，目的是造福百姓和富裕人民。因此，从以人为本的视角出发，城市化绝非简单引导农村人口进入城镇，而是一个"人的城镇化"的过程。

何谓"人的城镇化"？人的城镇化从统计学的角度看就是人口城镇化。但事实上，人的城镇化的内涵应该更丰富、更深刻。"人的城镇化"不是一个道德问题，但没有人的道德素质全面提升，"人的城镇化"既难以实现更不可持续。任何时期的城镇化只有赋予它思想之魂，保持一种特有的道德情操和价值取向时，才会具有可持续性和人本性。城市化发展的灵魂，是以物质形式之上所承载的精神成分来衡量的，这个指标体现在人的幸福指数上。幸福是内省，是人对自身需求的了解，以及解决这种需求的过程中对自我的认可。"人的城镇化"，既有富强所表征的充沛物质分享，更有类似中国梦这种理想信念所支撑的精神家园，物质分享和精神家园的和谐共生和同步成长，才是"人的城镇化"憧憬中最具感召力的愿景。"人的城镇化"必然蕴含着人类价值理念的革新和城市伦理的构建。

"人的城镇化"是一个长期的过程，不可能一蹴而就。其复杂性就在于，从顶层设计的"五位一体"，到实际造福于人民的城镇化过程，虽是一个客观的历史过程，但其整个过程发展的方向和结果，不再只是决定于作为城镇化诸多要素内在本质联系的必然规律（如土地、户籍和社保制度），而是直接取决于作为城镇化主体的人的认识抉择的能力、价值取向、社会心态和道德文化，取决于城镇化过程中城市管理者的认识水平、操作手段、民主法治的素养和伦理道德素质。

中国的城市化发展模式与其他国家相比，存在许多不同之处，尤其是政府的角色不可或缺，并且起主导作用，而作为主体的农民并没有多大的话语权。城市化不是飞来之物，而是城乡的转换，新型城镇化是城与乡的共同成长，相辅相成，而非城与乡的此消彼长。城市化的前期，我们片面强调城市化，忽视了乡村建设，因此出现了城市发展了、乡村势微了的局面。一些城市管理者通过土地资本运作使当地的道路宽了，城镇里的高楼大厦多了，配套设施也上来了，财政开支也解决了，政绩也有了，但唯一遗憾的是民众没有一起富裕。有的地方官员为了自身政绩需要、面子形象需要，摊大饼、搞扩张，只顾眼前，不计成本，粗放发展。有的地方官员不能以人为本，民本意识不强，没有把民生放到重要位置上，因为有巨大利益，并且谁有资源谁有利益，谁有公权谁有利益，而相关法律又不健全，所以，他们借助于法律的模糊和城镇化问责制度的缺失，利用城镇化去圈地，利用公权力垄断了土地的征用和出售，降低了谈判和讨价还价的交易成本，把古老的村庄都拆了，造几栋楼把农民赶进去群居，去搞土地城市化，面对弱势的农民群体，还没等农民了解利害关系，土地低价强征了，房子强拆了，简单粗暴，不征求农民意见，不顾及农民利益，不管农民以后的生活，搞完拍拍屁股卖地拿钱走人，农村、农民的资源被侵占、掠夺。所以，"人的城镇化"不只是"农民市民化"这么简单，更包括城市管理层的城镇化，它包含城市管理者的价值观、政绩观、道德水平和治理能力等。当然，新型城镇化还应该带动乡村的共同发展，使两者相辅相成，协同发展。

我国城镇化建设在精神层面仍然跟不上物质层面的发展速度，因而新型城镇化将是一个长期的过程。

目前我国进城的农民分为两大类：一类是进城务工人员，即农民工。这些人在城镇从事劳动条件最恶劣、劳动安全和卫生最差、劳动待遇最低廉（甚至还得不到保障）的工作，他们只是为城镇打工，而不是来定居，他们像候鸟一样在各地迁徙，他们中的大多数只是暂住在城市的临时建筑工棚和企业昏暗拥挤的宿舍里。他们虽然住在城里，但连最基本的工资都无法保障——每年有无数农民到年尾的时候被欠薪，只能采取极端措施。尽管对条件不太满意，但这一部分农民工，特别是新生代农民工，与土地的关系淡漠，融入城市的意愿比较强烈。另一类是因城市扩张失去土地而被动进城的农民。他们失去了土地和房屋，被安置在城镇中集中居住，属于被动的城市化。

进城农民相对城市居民而言，非农技能、文化素质都较低，年龄较大，应对各种风险的能力较弱，就业压力大。可以说，以农民非自愿的方式变成市民，这不是帮助农民城市化，反而使他们失业后生存困难。进城后有无工作，有无稳定的收入，有无文化和精神享受，生活得有无尊严，才是他们是否幸福的衡量标准。

处在城镇化过程中的农民，城乡二元特征体现得十分明显。他们一方面已迈入了市场经济环境，开始接受现代文明的洗礼；另一方面，他们又在思想观念、生活习惯和行为方式上仍保留着传统农业文明的深深烙印，千百年来的小农经济思想在他们身上远未消失。对于"被城镇化"的农民，由于能力素质和经济上的先天不足，社会保障的滞后，他们在土地城镇化、户口城镇化之后，物质层面的城镇化在一段时期内很难实现，而精神层面的城镇化更是路漫漫其修远，需要一个长期的转化过程。

一些城市只欢迎农民工来就业打工，而不欢迎他们定居落户，为了降低城市发展成本，剥夺农民工带来的廉价劳动力已经成了城市发展正常的选择，而为农民工提供与户籍居民同等的公共服务则被排斥在外，这也是一个较为普遍存在的事实。甚至有的人把农民工视为"二等公民"，对他们有歧视，不主动接纳，不愿意与他们生活在一起。

在城镇化建设中，"千城一面，万屋一貌"现象较普遍。人文景观、城市布局大同小异，很少见到个性分明的城市。离开了多样性，人类将面对一个思想日益枯竭、创意日益平庸、生活日益单调的世界。城市有产业而无生活，有生活而无品质；传统的共同体日益瓦解，邻里生活渐趋消失，进而导致人际隔膜、阶层隔膜、人心隔膜，连老人跌倒都不敢扶，社会信任难以建立；青年人缺乏信仰支撑，社会缺乏共同伦理。这些现象与工业化和市场化相伴而生，成为城镇化推进过程中的副产品。关注城镇化，不仅要关注产业增长、土地制度变迁、户籍制度改革，更要关注城市文化和城市伦理在城市社会变迁中的重要作用，直面文化命题。因为归根结底，人们聚集在城市是为了追求幸福生活，而城市文化，则是一个城市能否赋予人们幸福生活的重要因素。

除了上述因素以外，我国农村精神文化生活较为落后，传统的思想道德和习惯对农民的影响根深蒂固。农村改革与社会转型使思想道德建设充满复杂性，市场经济在促进农村思想道德建设的同时又带来负面影响；对农民的教育和管理的缺失，农村精神文明建设落后；农村城镇化缺乏强有力的经济支撑和理性引领，不具有自发性和原初性等因素，使农村城镇化过程中，广大农民的思想道德观念和道德生活出现许多问题，这些问题不解决，农村城镇化始终停留在物质层面，难有全方位的根本性转变，城镇化过程中城市伦理体系的构建必将是一个长期的艰难的过程。

城镇化是家园的变迁、人生的转折、文明的跃升，涉及国家、民族的发展和每个人的切身利益，关系中华民族伟大复兴和中国梦的实现。不论是新转入城市的人、过去的"城里人"，还是仍旧在农村生活的人，城镇化的实施要能够促进所有人的自由而全面的发展，而不能为了一部分人的利益去损害另一部分人的利益。新型城镇化应当围绕人来展开，要树立牢固的人本思想，创造良好的人本环境，公平公正、尊重人权、尊重人格、形成良好的人本氛围，使城镇具有人情味，使城镇化过程具有人情味，创造良好的为人服务的条件和功能。

参考文献

[1] 马克思，恩格斯．马克思恩格斯全集：第 1 卷 [M]. 中共中央马克思恩格斯列宁斯大林著作编译局，译．北京：人民出版社，1956.

[2] 马克思，恩格斯．马克思恩格斯全集：第 3 卷 [M]. 中共中央马克思恩格斯列宁斯大林著作编译局，译．北京：人民出版社，1956.

[3] 马克思，恩格斯．马克思恩格斯选集：第 1 卷 [M]. 中共中央马克思恩格斯列宁斯大林著作编译局，译．北京：人民出版社，1972.

[4] 马克思，恩格斯．马克思恩格斯选集：第 2 卷 [M]. 中共中央马克思恩格斯列宁斯大林著作编译局，译．北京：人民出版社，1972.

[5] 马克思，恩格斯．马克思恩格斯选集：第 3 卷 [M]. 中共中央马克思恩格斯列宁斯大林著作编译局，译．北京：人民出版社，1995.

[6] 马克思，恩格斯．马克思恩格斯选集：第 4 卷 [M]. 中共中央马克思恩格斯列宁斯大林著作编译局，译．北京：人民出版社，1995.

[7] 马克思，恩格斯．马克思恩格斯选集：第 3 卷 [M]. 中共中央马克思恩格斯列宁斯大林著作编译局，译．北京：人民出版社，1972

[8] 马克思，恩格斯．马克思恩格斯选集：第 42 卷 [M]. 中共中央马克思恩格斯列宁斯大林著作编译局，译．北京：人民出版社，1956.

[9] 马克思，恩格斯．马克思恩格斯选集：第 40 卷 [M]. 中共中央马克思恩格斯列宁斯大林著作编译局，译．北京：人民出版社，1972.

[10] 蔡元培．蔡元培全集：第 2 卷 [M]. 杭州：浙江教育出版社，1997.

[11] 毛泽东．毛泽东选集：第 2 卷 [M]. 北京：人民出版社，1991.

[12] 臧乐源 . 中华魂丛书：尚德卷 [M]. 济南：山东人民出版社，1992.

[13] 韩非子 . 韩非子 [M]. 北京：华夏出版社，2003.

[14] 程登吉 . 幼学琼林 [M]. 呼和浩特：远方出版社，2004.

[15] 陆学艺 . 社会学 [M]. 北京：知识出版社，1991.

[16] 孟子 . 孟子 [M]. 北京：中华书局，2005.

[17] 武东生 . 人之父 [M]. 天津：南开大学出版社，2000.

[18] 王健 . 儒学三百题 [M]. 上海：上海古籍出版社，2001.

[19] 鲍鹏山 .《论语》导读 [M]. 广州：广东高等教育出版社，2002.

[20] 曾南丰 . 曾南丰集 [M]. 上海：广益书局，1936.

[21] 梁韦弦 . 儒家伦理学说研究 [M]. 长春：吉林人民出版社，1994.

[22] 方尔加 .《大学》《中庸》意释致用 [M]. 北京：中国人民大学出版社，
2008.

[23] 费孝通 . 乡土中国 [M]. 北京：北京大学出版社，2012.

[24] 罗国杰 . 中国伦理学百科全书：应用伦理学卷 [M]. 长春：吉林人民出版社，
1993.

[25] 唐凯麟 . 伦理学 [M]. 北京：高等教育出版社，2001.

[26] 王小锡 . 道德资本与经济伦理：王小锡自选集 [M]. 北京：人民出版社，
2009.

[27] 李建华 . 法治社会中的伦理秩序 [M]. 北京：中国社会科学出版社，2004.

[28] 何怀宏 . 中国的忧伤 [M]. 北京：法律出版社，2011.

[29] 吴潜涛 . 论公共伦理与公德 [M]. 武汉：湖北人民出版社，2008.

[30] 吴忠民 . 社会公正论 [M]. 2 版 . 济南：山东人民出版社，2012.

[31] 马长山 . 国家、市民社会与法治 [M]. 北京：商务印书馆，2002.

[32] 吴潜涛，等 . 当代中国公民道德状况调查 [M]. 北京：人民出版社，2010.

[33] 冯俊，龚群 . 东西方公民道德研究 [M]. 北京：中国人民大学出版社，
2011.

[34] 范英 . 社会公德概论 [M]. 深圳：海天出版社，1991.

[35] 詹世友 . 公义与公器：正义论视域中的公共伦理学 [M]. 北京：人民出版社，
2006.

[36] 王伟光 . 利益论 [M]. 北京：中国社会科学出版社，2010.

[37] 高兆明，李萍，等.现代化进程中的伦理秩序研究 [M].北京：人民出版社，2007.

[38] 熊春锦.德道行天下 [M].北京：中国言实出版社，2011.

[39] 雷切尔斯.道德的理由 [M].5 版.杨宗元，译.北京：中国人民大学出版社，2009.

[40] 亨廷顿.变化社会中的政治秩序 [M].王冠华，刘为，等译.上海：上海人民出版社，2008.

[41] 蔡礼旭.承传千年不衰的家道 [M].北京：世界知识出版社，2012.

[42] 樊纲，武良成.城市化：一系列公共政策的集合 [M].北京：中国经济出版社，2009.

[43] 张泽群.城市灵魂：电视主持人张泽群谈论城市文化 [M].郑州：大象出版社，2006.

[44] 卢卫.居住城市化：人居科学的视角 [M].北京：高等教育出版社，2005.

[45] 唐茂华.中国不完全城市化问题研究 [M].北京：经济科学出版社，2009.

[46] 盛广耀.城市化模式及其转变研究 [M].北京：中国社会科学出版社，2008.

[47] 查尔斯沃思.城市边缘：当代城市化案例研究 [M].夏海山，刘茜，姚刚，等译.北京：机械工业出版社，2007.

[48] 马春辉.中国城市化问题论纲 [M].北京：社会科学文献出版社，2008.

[49] 林广，张鸿雁.成功与代价：中外城市化比较新论 [M].南京：东南大学出版社，2000.

[50] 秦红岭.城市规划：一种伦理学批判 [M].北京：中国建筑工业出版社，2010.

[51] 仇保兴.中国城市化进程中的城市规划变革 [M].上海：同济大学出版社，2005.

[52] 单霁翔.从"功能城市"走向"文化城市" [M].天津：天津大学出版社，2007.

[53] 曾福生，吴雄周，刘辉.新农村建设和城镇化协调发展：以湖南省为例 [M].北京：经济科学出版社，2012.

[54] 宁克平.城市与人：中国城市化进程及其对策 [M].北京：人民出版社，
2009.

[55] 国务院发展研究中心课题组.中国城镇化：前景、战略与政策 [M].北京：
中国发展出版社，2010.

[56] 陈甬军，景普秋，陈爱民.中国城市化道路新论 [M].北京：商务印书馆，
2009.

[57] 左学金，朱宇，王桂新.中国人口城市化和城乡统筹发展 [M].上海：学林
出版社，2007.

[58] 张鸿雁，谢静.城市进化论：中国城市化进程中的社会问题与治理创新 [M].
南京：东南大学出版社，2011.

[59] 叶裕民.中国城市化之路：经济支持与制度创新 [M].北京：商务印书馆，
2001.

[60] 谷荣.中国城市化公共政策研究 [M].南京：东南大学出版社，2007.

[61] 李强，等.城市化进程中的重大社会问题及其对策研究 [M].北京：经济科
学出版社，2009.

[62] 蔡禾，刘林平，万向东，等.城市化进程中的农民工：来自珠江三角洲的
研究 [M].北京：社会科学文献出版社，2009.

[63] 杨秀香.当代中国城市伦理研究 [M].大连：辽宁师范大学出版社，
2004.

[64] 吴灿新.当代中国伦理精神：市场经济与伦理精神 [M].广州：广东人民出
版社，2001.

[65] 韦伯.非正当性的支配：城市的类型学 [M].康乐，简惠美，译.桂林：广
西师范大学出版社，2005.

[66] 雅各布斯.美国大城市的死与生 [M].金衡山，译.上海：译林出版社，
2005.

[67] 鲍曼.生活在碎片之中：论后现代道德 [M].郁建兴，周俊，周莹，译.上海：
学林出版社，2002.

[68] 科特金.全球城市史 [M].王旭，等译.北京：社会科学文献出版社，
2006.

[69] 鲍曼.后现代伦理学 [M].张成岗，译.南京：江苏人民出版社，2003.

[70] 皮雷纳.中世纪的城市：经济和社会史评论 [M].陈国樑，译.北京：商务印书馆，1985.

[71] 张承安.城市发展史 [M].武汉：武汉大学出版社，1985.

[72] 康少邦，张宁，等.城市社会学 [M].杭州：浙江人民出版社，1986.

[73] 陈一筠.城市化与城市社会学 [M].北京：光明日报出版社，1986.

[74] 北京大学社会学系.城市学讲座 [M].北京：北京大学出版社，1986.

[75] 陈光庭.城市综合管理 [M].北京：北京科学技术出版社，1987.

[76] 麦夷，江美球.城市社会学概论 [M].贵阳：贵州人民出版社，1988.

[77] 江美球，刘荣芳，蔡渝平.城市学 [M].北京：科学普及出版社，1988.

[78] 宋丁.城市学 [M].太原：山西人民出版社，1988.

[79] 刘歧，张跃庆，梅保华.城市学 [M].北京：北京燕山出版社，1990.

[80] 阮西湖.都市人类学 [M].北京：华夏出版社，1991.

[81] 赖维.现代城市规划 [M].张阳生，惠泱河，译.西安：陕西人民出版社，1992.

[82] 王圣学.城市化与中国城市化分析 [M].西安：陕西人民出版社，1992.

[83] 崔功豪.中国城镇发展研究 [M].北京：中国建筑工业出版社，1992.

[84] 王保畲，罗正齐.中国城市化的道路及其发展趋势 [M].北京：学苑出版社，1993.

[85] 张克孝.城市与环境 [M].武汉：武汉大学出版社，1994.

[86] 魏新文，姚继韵.城市社会学 [M].广州：华南理工大学出版社，1995.

[87] 朱铁臻.城市发展研究 [M].北京：中国统计出版社，1996.

[88] 谢文蕙，邓卫.城市经济学 [M].北京：清华大学出版社，1996.

[89] 周大鸣.现代都市人类学 [M].广州：中山大学出版社，1997.

[90] 王春光，孙晖.中国城市化之路 [M].昆明：云南人民出版社，1997.

[91] 孙志刚.城市功能论 [M].北京：经济管理出版，1998.

[92] 陈颐.中国城市化和城市现代化 [M].南京：南京出版社，1998.

[93] 王长升，傅崇兰.城市个性：威海市城市建设的理论与实践 [M].北京：社会科学文献出版社，1998.

[94] 靳润成.中国城市化之路 [M].上海：学林出版社，1999.

[95] 饶会林.城市经济学 [M].大连：东北财经大学出版社，1999.

[96] 霍华德 . 明日的田园城市 [M]. 金经元，译 . 北京：商务印书馆，2000.

[97] 傅崇兰 . 城市史话 [M]. 北京：中国大百科全书出版社，2000.

[98] 张鸿雁 . 侵入与接替：城市社会结构变迁新论 [M]. 南京：东南大学出版社，2000.

[99] 张曾芳，张龙平 . 运行与嬗变：城市经济运行规律新论 [M]. 南京：东南大学出版社，2000.

[100] 叶南客，李芸 . 战略与目标：城市管理系统与操作新论 [M]. 南京：东南大学出版社，2000.

[101] 李其荣 . 对立与统一：城市发展历史逻辑新论 [M]. 南京：东南大学出版社，2000.

[102] 顾朝林，甄峰，张京祥 . 集聚与扩散：城市空间结构新论 [M]. 南京：东南大学出版社，2000.

[103] 叶骁军，温一慧 . 控制与系统：城市系统控制新论 [M]. 南京：东南大学出版社，2000.

[104] 张钟汝，章友德，陆健，等 . 城市社会学 [M]. 上海：上海大学出版社，2001.

[105] 冯云廷 . 城市聚集经济 [M]. 大连：东北财经大学出版社，2001.

[106] 唐恢一 . 城市学 [M]. 哈尔滨：哈尔滨工业大学出版社，2001.

[107] 张宏 . 性 · 家庭 · 建筑 · 城市：从家庭到城市的住居学研究 [M]. 南京：东南大学出版社，2002.

[108] 刘贵利 . 城市生态规划理论与方法 [M]. 南京：东南大学出版社，2002.

[109] 黄丽 . 国外大都市区治理模式 [M]. 南京：东南大学出版社，2003.

[110] 于涛方 . 城市竞争与竞争力 [M]. 南京：东南大学出版社，2004.

[111] 唐军 . 追问百年：西方景观建筑学的价值批判 [M]. 南京：东南大学出版社，2004.

[112] 张俊芳 . 中国城市社区的组织与管理 [M]. 南京：东南大学出版社，2004.

[113] 瑞吉斯特 . 生态城市：建设与自然平衡的人居环境 [M]. 北京：社会科学文献出版社，2002.

[114] 纪晓岚 . 论城市本质 [M]. 北京：中国社会科学出版社，2002.

[115] 杨重光，梁本凡．中国城市经济创新透视 [M].北京：中国社会科学出版社，2002.

[116] 郑也夫．城市社会学 [M].北京：中国城市出版社，2002.

[117] 向德平．城市社会学 [M].武汉：武汉大学出版社，2002.

[118] 许英．城市社会学 [M].济南：齐鲁书社，2002.

[119] 李芸．都市计划与都市发展：中外都市计划比较 [M].南京：东南大学出版社，2002.

[120] 叶海平，季潮波．都市公共政策概论 [M].上海：华东理工大学出版社，2002.

[121] 徐康宁，等．文明与繁荣：中外城市经济发展环境比较研究 [M].南京：东南大学出版社，2003.

[122] 王雅林，董鸿扬．构建生活美：中外城市生活方式比较 [M].南京：东南大学出版社，2003.

[123] 叶南客．都市社会的微观再造：中外城市社区比较新论 [M].南京：东南大学出版社，2003.

[124] 张鸿雁．城市·空间·人际：中外城市社会发展比较研究 [M].南京：东南大学出版社，2003.

[125] 唐钧，沙琳，任振兴．中国城市贫困与反贫困报告 [M].北京：华夏出版社，2003.

[126] 蔡禾．城市社会学：理论与视野 [M].广州：中山大学出版社，2003.

[127] 邓伟志．当代"城市病" [M].北京：中国青年出版社，2003.

[128] 傅崇兰，周明俊．中国特色城市发展理论与实践 [M].北京：中国社会科学出版社，2003.

[129] 姜杰，张喜民，王在勇．城市竞争力 [M].济南：山东人民出版社，2003.

[130] 赵理尘．城市发展学导论 [M].济南：山东大学出版社，2004.

[131] 姚士谋，汤茂林，陈爽，等．区域与城市发展论 [M].合肥：中国科学技术大学出版社，2004.

[132] 芒福德．城市发展史：起源、演变和前景 [M].宋俊岭，倪文彦，译．北京：中国建筑工业出版社，2005.

[133] 王颖 . 城市社会学 [M]. 上海：上海三联书店，2005.

[134] 于雷 . 空间公共性研究 [M]. 南京：东南大学出版社，2005.

[135] 张京祥 . 西方城市规划思想史纲 [M]. 南京：东南大学出版社，2005.

[136] 向春玲 . 城市化进程中的理论与实证研究 [M]. 长沙：湖南人民出版社，2008.

[137] 同春芬 . 转型时期中国农民的不平等待遇透析 [M]. 北京：社会科学文献出版社，2006.

[138] 滕尼斯 . 共同体与社会：纯粹社会学的基本概念 [M]. 林荣远，译 . 北京：商务印书馆，1999.

[139] 埃什尔曼 . 家庭导论 [M]. 潘允康，张文宏，马志军，等译 . 北京：中国社会科学出版社，1991.

[140] 洪远朋，卢志强，陈波 . 社会利益关系演进论：我国社会利益关系发展变化的轨迹 [M]. 上海：复旦大学出版社，2006.

[141] 祝瑞开 . 中国婚姻家庭史 [M]. 上海：学林出版社，1999.

[142] 李桂梅 . 乐在天伦：家庭道德新探 [M]. 长沙：湖南科学技术出版社，2003.

[143] 赵庆杰 . 家庭与伦理 [M]. 北京：中国政法大学出版社，2008.

[144] 张怀承 . 中国的家庭与伦理 [M]. 北京：中国人民大学出版社，1993.

[145] 焦国成 . 中国伦理学通论：上 [M]. 太原：山西教育出版社，1997.

[146] 章海山，陈思迪，徐焕洲 . 家庭伦理 [M]. 广州：广东人民出版社，1984.

[147] 朱贻庭 . 中国传统伦理思想史 [M]. 上海：华东师范大学出版社，1989.

[148] 魏英敏 . 当代中国伦理与道德 [M]. 北京：昆仑出版社，2001.

[149] 吕方 . 责任伦理的道德建设与城市现代化 [J]. 南京工业大学学报（社会科学版），2002（1）：64–67.

[150] 李雅静 . 论城市道德 [J]. 科教导刊（中旬刊），2012（8）：238–239.

[151] 石攀峰 . 农民工身份认同的思想心理障碍及对策 [J]. 求实，2011（3）：82–85.

[152] 费尚军 . 论城市化进程中的伦理嬗变 [J]. 柳州师专学报，2002（2）：126–129.

[153] 刘传广.乡下人·城里人·市民：城市化的伦理分析 [J]. 道德与文明，2010（4）：113-118.

[154] 宋明爽.伦理、道德之别与中西文化的不同路径 [J]. 山东社会科学，2002（3）：129-132.

[155] 尧新瑜."伦理"与"道德"概念的三重比较义 [J]. 伦理学研究，2006（4）：21-25.

[156] 何增科.市民社会概念的历史演变 [J]. 中国社会科学，1994（5）：67-81.

[157] 徐巨洲.后现代城市的趋向 [J]. 城市规划，1996（5）：10-13.

[158] 任平，陈忠.当代发展观念的演变及发展趋势 [J]. 教学与研究，1997（6）：42-47，64.

[159] 任平.走向交往实践的唯物主义 [J]. 中国社会科学，1999（1）：53-69.

[160] 刘怀玉，范海武."让日常生活成为艺术"：一种后马克思的都市化乌托邦构想 [J]. 求是学刊，2004（1）：27-33.

[161] 吴瑞财.全球化：现代性研究的空间转向 [J]. 华侨大学学报（哲学社会科学版），2005（3）：15-20.

[162] 铁省林.西方哲学中主体性问题的历史嬗变 [J]. 齐鲁学刊，2003（2）：73-76.

[163] 赵红全.公共领域研究综述 [J]. 中共杭州市委党校学报，2004（4）：37-41.

[164] 孔润年.论中国伦理的"德性论"与"义务论"之分野 [J]. 宝鸡文理学院学报（社会科学版），2000（1）：33-37，117.

[165] 郭剑锋.论"数字城市"与"生态城市" [J]. 四川建筑，2004（2）：4-5.

[166] 焦文峰.观念和社会史中的三种公共领域 [J]. 扬州大学学报（人文社会科学版），2002（3）：61-65.

[167] 衣俊卿.现代性的维度及其当代命运 [J]. 中国社会科学，2004（4）：13-24，205.

[168] 李鹏程.论当代大都市文化建设的文化哲学基础 [J]. 文史哲，2004（2）：19-24.

[169] 郎佩娟.公共管理模式研究 [J]. 政法论坛，2002（1）：143-152.

[170] 孙群郎.美国现代城市的郊区化及其特点 [J]. 社会科学战线，2002（6）：123-130.

[171] 张建如.生态城市的伦理观念创新 [J].学海，2001（5）：36-38.

[172] 孙施文.后现代城市状况及其规划 [J].城市规划汇刊，2001（4）：76-78.

[173] 高兆明.现代性视域中的伦理秩序 [J].南京师大学报（社会科学版），2003（6）：5-13.

[174] 曲凌雁.城市人文主义的兴起、发展、衰落和复兴 [J].城市问题，2002（4）：6-8.

[175] 石向实.城市文化与现代化 [J].内蒙古师大学报（哲学社会科学版），2001（1）：111-114.

[176] 张敬淦.城市科学的发展历程：参与城市科学研究 20 年的体会 [J].城市问题，2004（1）：3-7.

[177] 陈忠.城市制度：城市发展的核心构架 [J].城市问题，2003（4）：13-18.

[178] 高峰.当代视野中的市民社会研究 [D].苏州：苏州大学，2006.

[179] 高金龙，陈江龙，苏曦.中国城市扩张态势与驱动机理研究学派综述 [J].地理科学进展，2013，32（5）：743-754.

[180] 谭术魁，齐睿.快速城市扩张中的征地冲突 [J].中国土地科学，2011，25（3）：26-30.

[181] 王丽宁.城市环境污染的现状及其对策分析 [J].太原大学学报，2012，13（1）：134-137.

[182] 邱东，陈梦根.中国不应在资源消耗问题上过于自责：基于"资源消耗层级论"的思考 [J].统计研究，2007（2）：14-26.

[183] 王亚菲.城市化对资源消耗和污染排放的影响分析 [J].城市发展研究，2011，18（3）：53-57，71.

[184] 王开玉，方金友.我国中部地区城市社会阶层结构的现状分析：合肥社会结构变迁的调研 [J].江淮论坛，2002（3）：44-50.

[185] 张登国.构建和谐的城市社会阶层结构 [J].新疆社科论坛，2007（3）：46-49.

[186] 郑杭生.关于我国城市社会阶层划分的几个问题 [J].江苏社会科学，2002（2）：3-6.

[187] 徐晓军. 城市阶层隔离与社区性格 [J]. 社会主义研究，2007（1）：98-100.

[188] 北京大学"社会分化"课题组. 从城乡分化的新格局看中国社会的结构性变迁 [J]. 社会学研究，1991（2）：2-14.

[189] 雷茂盛. 消除剪刀差 破解"三农"难 [N]. 中国改革报，2011-08-02（3）.

[190] 方益波. 城乡"土地剪刀差"加剧 呼唤土地制度新一轮改革 [N]. 经济参考报，2008-10-09（4）.

[191] 李蕾. 新生代农民工身份认同困境分析 [J]. 陕西行政学院学报，2010，24（3）：110-112.

[192] Gordon C V. The urban revolution [J]. The town planning review， 1950（1）：3-17.

[193] 李桂梅. 现代家庭伦理精神建构的思考：兼论自由与责任 [J]. 道德与文明，2004（2）：58-62.

[194] 赵庆杰，王利华. 近现代中国社会家庭的伦理解读 [J]. 求索，2009（10）：101-103.

[195] 唐代兴. 道德与美德辨析 [J]. 伦理学研究，2010（1）：6-12.

[196] 詹世友. 论美德的特征及其意义 [J]. 道德与文明，2006（2）：31-36.

[197] 易永卿，刘磊. 城市"冷漠症"的症候及其伦理导引 [J]. 湖南师范大学社会科学学报，2013（5）：18-22.

[198] 易永卿. 近代益阳城市文化的特点与发展路向 [J]. 湖南城市学院学报，2011，32（1）：67-73.

[199] 胡晓梅，易永卿. 新生代农民工道德困惑及其解决路径 [J]. 城市学刊，2019，40（6）：59-64.

附　录

城市外来务工人员调查问卷

1. 是否打算在家乡买房？

A. 是，已买　B. 是，计划中　C. 没打算

2. 有无在打工地买房打算？

A. 有，已买　B. 有，计划中　C. 无打算

3. 是否关心国家政治？

A. 很关心　B. 偶尔关注　C. 无所谓

4. 是否关心社会事件？

A. 很关心　B. 感兴趣的会关注　C. 无所谓

5. 是否关心经济形势？

A. 很关心　B. 偶尔关心　C. 无所谓

6. 是否关心娱乐新闻？

A. 很关心　B. 偶尔关心　C. 无所谓

7. 是否支持抵制日货？

A. 是　B. 否

8. 你会乐于帮助陌生人吗？

A. 经常　B. 偶尔　C. 从不

9. 对待好朋友的态度：

A. 掏心掏肺　　B. 别人怎么对待我，我就怎么对待别人

10. 是否会去酒吧、迪厅等娱乐场所？

A. 经常去　　B. 偶尔去　　C. 从不去

11. 是否会去健身房、公园之类的健身场所？

A. 经常去　　B. 偶尔去　　C. 从不去

12. 如何评价拜金主义？

A. 很正常　　B. 正常，但自己不是　　C. 无法接受

13. 最近是否会觉得压力大？

A. 压力很大　　B. 压力一般　　C. 无压力

14. 是否因压力过大而与人发生冲突？

A. 经常　　B. 偶尔　　C. 从不

15. 是否因压力过大而换过工作？

A. 经常　　B. 偶尔　　C. 从不

16. 缓解压力的方式：

A. 忍受着　　B. 通过旅游、朋友聚会等方式放松　　C. 在家休息

17. 认为感情的必要性：

A. 感情很重要　　B. 有感情更好　　C. 无所谓

18. 是否接受家庭安排的婚姻？

A. 一定不接受　　B. 不排斥　　C. 接受

19. 是否相信网恋？

A. 是　　B. 否

20. 对堕胎的看法：

A. 不理解　　B. 理解，自己不接受　　C. 正常

21. 对婚前性行为的看法：

A. 无所谓　　B. 接受，但自己不行　　C. 一定不行

22. 对离婚的看法：

A. 不接受离婚　　B. 可以接受，无奈的选择　　C. 正常现象

后 记

  时光荏苒，逝者如斯，一转眼四年时间就过去了！四年的博士生活即将在这个春暖花开的季节画上句号，于我的学习和人生而言，这却顶多只是一个逗号，我从历史学转行而来，还有许多的知识没来得及去学，许多的问题在头脑中还没来得及思考，没来得及向老师请教，伦理飓风论坛、麓山论坛、书山论坛、明伦讲堂的许多讲座还没来得及去听，而这些只能留待以后了！

  年届不惑，再来求学，年迈的父母、家人和亲友有很多的不解，但是，在四年的求学生涯中，他们始终默默支持我，他们的支持与鼓励，我时刻铭记在心。我的导师李培超教授虽然和我是同龄人，但是，导师治学严谨，学识渊博，思想深邃，视野雄阔，人品和学问都非常优秀，为我的学习营造了良好的精神氛围。导师不仅在学术上给我精心指导，在思维方法上给我深刻启示，而且在为人处世方面也给了我不少的启迪，在此谨表我最诚挚的谢意！

  衷心感谢湖南师范大学伦理所唐凯麟教授、刘湘溶教授、张怀承教授、王泽应教授、李伦教授、彭定光教授、李桂梅教授、邓名瑛教授、向玉乔教授、刘霞博士，以及哲学系的舒远招教授，是他们把我领进了伦理学的殿堂，为我四年的学习打下了良好基础，并对我的论文选题和修改提出了宝贵意见，也衷心感谢湖南师范大学历史文化学院郑佳明教授、李育民教授、莫志斌教授，以及新闻传播学院的周国清教授四年来对我学习和生活的指导、关心和帮助！感谢母校湖南师范大学为我提供了学习机会和良好的学习环境，感谢我的可亲可爱的同学为我的学习生涯带来了许多的快乐！